街まで変える鉄道のデザイン

カタチで叶える課題解決

伊原 薫
Ihara Kaoru

交通新聞社新書 168

街まで変える鉄道のデザイン――目次

第2章：路線や駅は〝デザイン〟でどう変わるのか？……051

第3章：なぜ京急の車両は再び赤くなったのか……091

序章

新幹線の「鼻」はなぜあの形なのか？

〜「鉄道」と「デザイン」の関係性〜

日本は世界有数の鉄道大国である。２０２２年現在、２００以上の鉄道事業者が存在しており、その9割以上が民間企業、もしくは官民共同出資による第三セクター企業となっている。これは、世界的に見ても稀なケースだ。

そして同時に、鉄道は近代日本の発展において大きな役割を担ってきた。その最たるものは、人や物を運ぶという鉄道本来の目的を通じて、産業や人々の生活を支えるといった点である。そもそも、江戸時代は藩を跨いだ往来が制限されており、一般庶民が自由に行き来できるようになったのは明治に入ってからのことだった。奇しくもこの頃、鉄道という大量かつ高速な移動手段が日本に持ち込まれたわけで、人の動きと日本経済の発展は、鉄道の発展とともにあったと言える。

それから１５０年がたち、鉄道はより多くの人や物を、より遠くに・より速く・より快適に運ぶことができるようになった。そして、その陰には様々な技術の進歩があり、それが車両のデザインにも表れている。代表例が、新幹線の先頭形状だろう。

１９６４（昭和39）年の東海道新幹線開業に合わせて開発された0系は、飛行機の機首に似た流線型を採用。いつしか「団子鼻」と称されるようになった長さ約４メートルの前頭部は、非常時に使用する連結器をこの中に格納するなど、突起物をなるべく減らす配慮もなされた。これらの取り組みは、走行時の空気抵抗を減らすためのものである。

鉄道に限らず、物体が地上を動く際は、その前方にある空気を押しのけながら進んでいる。逆に見ると、空気が物体の動きを妨げる形になるわけで、これが空気抵抗だ。空気抵抗の大きさは、物体の速度の2乗に比例するので、スピードが2倍になれば空気抵抗は4倍に、スピードが3倍になれば9倍となる。つまり、3倍のスピードで走ろうとするなら、前方の空気を押しやるために9倍の力を必要とするのだが、もし空気をうまく受け流すことができれば空気抵抗を減らすことができ、その分の力を走るために使える。そして、空気抵抗を減らすには空気を受ける面、つまり前面を、平らではなく尖った形状＝流線型にすればよい、というのは、皆さんも感覚的に理解できるだろう。つまり、0系のあの流線型は、より速く走るために生み出されたデザインなのである。

ところで、前面を流線型とした車両は戦前にも登場していた。ずばり「流電」という愛称がついた国鉄モハ52形電車や、C53形蒸気機関車がその例だ。だが、これらはいずれも新幹線ほど速いスピードで走るわけではない。では、なぜ流線型となったのかといえば、イメージ上の理由、つまり「かっこいい」からである。機能面よりも見た目を重視した結果、

流線型デザインを取り入れた「流電」国鉄モハ52形

このデザインが生まれたわけだ。
話を新幹線に戻そう。0系の後継形式として1985(昭和60)年に登場した100系は、空気抵抗のさらなる減少を目指して様々な検討が重ねられた。団子鼻から〝進化〟したシャープな前面は、サメになぞらえて「シャークノーズ」の愛称がつけられたが、それ以外にも細かな改良が施されている。たとえば、0系では開閉できるようになっていた運転席の窓が、100系では固定式に変更されたが、これは雨風の侵入を防ぐという目的に加え、窓部分を平らにすることで空気抵抗の減少も図っていた。こうした改良の積み重ねで、100系の空気抵抗は0系と比べて30%ほど減少しているという。

その後も新幹線の「鼻」はどんどん伸びた。時速320キロメートル運転を目指してJR西日本が開発した500系では、その長さは約15メートルにも及ぶ。車体の長さは約27メートルなので、車体の半分以上が鼻ということになる。さぞかし空気抵抗も減っているのだろう……と思いきや、実はそうではない。空気抵抗という点から見ると、500系の〝先輩〟にあたる300系が、ほぼ完成形だとされている。実際、500系の後に登場した700系は9・2メートル、現在の主力であるN700系・N700Sは10・7メートルと、500系より短くなっているのだ。さらに、海外に目を向ければ、フランスのTGVやドイツのICEなど、新幹線と競い合う高速車両の鼻はいずれも数メートルである。

では、新幹線の前面デザインが今も変わり続けている理由は何なのか。その答えは「トンネル微気圧波」である。列車が高速でトンネルに入ると、その前方にある空気が急激に圧縮され、圧力波（弱い衝撃波ともいえる）が発生。この圧力波は列車よりも速く前へ進み、トンネルの出口でトンネル微気圧波と呼ばれる音波となって一気に拡散する。トンネルの坑口付近にいると、列車の姿がないのに突然「ドン！」という音が聞こえることがあるが、これがトンネル微気圧波だ。近年、この騒音が環境問題として取り上げられるようになり、新幹線車両の設計も「いかにしてトンネル微気圧波を小さくするか」に主眼が置かれるようになった。現在の前面デザインは、その研究成果の表れといえる。ちなみに、トンネル微気圧波はトンネル入口を大きくするなど地上設備側でも対策ができる。ＴＧＶやＩＣＥの鼻が短いのは、車両側ではなくそちらで対策をしているためだ。

ところで、Ｎ７００系とＮ７００Ｓは同じような顔つきだが、よく見ると鼻筋のラインやヘッドライト周りのふくらみが微妙に違う。空気抵抗やトンネル微気圧波、列車同士がすれ違った際の揺れ、さらには乗車定員を減らさない工夫など、様々な課題を考慮しながら、新幹線のデザインは進化し続けているのだ。

このように、新幹線ひとつをとってみても、そのデザインには様々な要因が盛り込まれている。同じく、観光列車には観光列車特有の、通勤車両には通勤車両なりの課題があり、それらの解決策がデザインとなって表れている。

ここで「デザイン」という言葉について考えてみよう。日本語においては、デザインといえば形やカラーリングなど、いわゆる「見た目」の部分だけを指すと思われがちだが、英語の「ｄｅｓｉｇｎ」はもっと幅広く、「設計」や「工夫」といった内容も含まれる。つまり、鉄道におけるデザインとは車両にとどまらず、駅舎の形、エスカレーターやエレベーターの位置、駅名標のフォントや色づかい、駅前ロータリーの大きさ、果ては「町のどの場所に駅を設けるか」といったものまで、広範に及ぶ。こうした様々なものについて、その課題を解決するための手法、あるいはその成果がデザインなのである。

本書では、鉄道における「課題」と「デザイン」の関係、すなわち「課題を解決するためにどんなデザインが生まれたか」、逆に見れば「鉄道のこのデザインは、こうした課題を解決するためのものである」というものを取り上げる。皆さんが毎日見ているあの電車の色、何気なく使っているあの設備に、実は深い意味が隠されている……そんな裏側が見えれば、鉄道がより身近に、楽しく感じられるだろう。

第1章

会社を象徴する
フラッグシップをつくるとき

突然だが、皆さんは「はやぶさ」「みずほ」「さくら」と聞いて、何を連想するだろうか。

鉄道について知識をお持ちの方や、電車が好きな子どもたちは、少なからず、新幹線が頭に思い浮かぶのではなかろうか。「はやぶさ」は東北・北海道新幹線の、「みずほ」は山陽・九州新幹線の最速達列車であり、「さくら」は「みずほ」より停車駅が多いタイプの列車だ。いずれも運行開始は2011（平成23）年で、今やその愛称はすっかり定着している。「はやぶさ」で使用されるE5系・H5系や、「みずほ」「さくら」で使用されるN700系7000・8000番代は、他の愛称を持つ新幹線列車にも充当されるが、たとえ「はやて」や「やまびこ」として走っていたとしても、子どもたちにとってE5系は「はやぶさ」であり、まるで列車愛称ではなく車両に付けられた愛称のようになっている。

ところで、冒頭の質問を年配の方にすると、違う答えが返ってくることがある。この3つの名前は、かつて東京と九州を結ぶ夜行寝台列車、いわゆるブルートレインに使われており、そちらが真っ先に思い浮かぶという人もいるようだ。これらの夜行寝台列車は、1994年から2009年に廃止されたのだが、その愛称が新幹線の列車名として復活した形である。

では、これら3つの列車愛称は、いつ生まれたのだろうか。「みずほ」と「はやぶさ」は、

新幹線「さくら」「みずほ」で使用されるN700系

ブルートレイン「さくら」　ヘッドマークにも桜が描かれている

それぞれ1960年前後に登場した一方、「さくら」の起源は古く、戦前の1929（昭和4）年にさかのぼる。当時は漢字表記の「櫻」で、「富士」とともに東京～下関間を結んでいた。「富士」はブルートレインの終焉とともに列車名としての役割を終えたが、「さくら」の名は（戦時中から戦後にかけてにもブランクがあるものの）連綿と受け継がれている。

つまり、質問した相手にとって「さくら」がどの列車を指すかは、世代によって違うということだ。

○それは列車の愛称？ 車両の愛称？

このように、日本の鉄道では特急列車に愛称がつけられるケースが多い。このうち、これまでに紹介したものはその列車の特性に合わせて、つまり運行区間や停車駅の違いによって、使い分けられている。子どもたちの〝勘違い〟はさておき、たとえば同じE5系が使われる列車には「はやぶさ」の他に「はやて」「やまびこ」などがあり、また上越新幹線の「とき」は、同じ愛称でありながらE7系とE2系の2形式が使われる、といった具合だ。

一方で、これとは逆のパターンとして、車両の形式に応じて愛称が付けられることもあ

球面状の前面が独創的な西武鉄道「Ｌａｖｉｅｗ」

る。東武鉄道の５００系「リバティ」や１００系「スペーシア」、西武鉄道の００１系「Ｌａｖｉｅｗ」がその一例で、他にも全国各地で走る観光列車や、ＪＲ貨物の機関車につけられた「ＥＣＯ－ＰＯＷＥＲ　桃太郎」「ＥＣＯ－ＰＯＷＥＲ　金太郎」などもこれに当たる。東武や西武は、車両愛称とは別に列車愛称も設定しているが、「リバティ」が充当される列車は「スペーシア」で運行される列車と見分けるため「リバティきぬ」「リバティけごん」などと呼称するのに対し、「スペーシア」を充当する列車は「きぬ」「けごん」と車両愛称がつかない。また、「Ｌａｖｉｅｗ」が充当される列車は他形式と混用された時期であっても、車両愛称がつかない「ちちぶ」「むさし」と呼ばれた。さらに、観光列車は「フルーティアふくしま」（ＪＲ東日本）や「36ぷらす３」（ＪＲ九州）のように、日によって違う線区を走るとしても同一の列車愛称になっていることが多い。

このように、列車の愛称ひとつとっても様々なケースがあるのだ。

○鉄道会社のブランド形成

さて、なぜこんな話を冒頭にしたかというと、列車の愛称、とくに車両に対する愛称は、鉄道会社がブランドを形成するうえで重要な要素だからである。

鉄道会社にとって、鉄道車両は乗客を運ぶ〝商売道具〟であるとともに、自社の存在を世間にＰＲする〝広告塔〟の役割も担う。それゆえ、愛称をつけることで列車や車両を親しみやすくし、あるいは人々に分かりやすく印象づけようとしている。「○○鉄道の新型特急列車は〜」よりも、『Ｌａｖｉｅｗ』は〜」と固有名詞で呼ばれる方が、ＰＲとして間違いなく成功だというのは、お分かりいただけるだろう。

一方で、ブランドを形成するには名前以上に大切なものがある。言うまでもなく、列車そのものの「仕上がり」だ。ここでの「仕上がり」とは、車両の外観や内装などのいわゆる〝見た目〟や、座席の座り心地やテーブルの使い勝手といった〝機能〟だけではない。車内で提供される食事やイベント、アテンダントによる案内などの〝サービス〟までを含めた、列車全体の完成度を指す。そしてそこで大切となるのが、いかに細部にまで統一感を持たせられるか、である。「トータルコンセプト」と呼ばれるものだ。その好例である、小田急電鉄のロマンスカーについて、歴史を振り返りつつ見てみよう。

1927（昭和2）年に開業した小田急（当時は小田原急行鉄道）は、ほどなく新宿から江ノ島や箱根に向から特急列車の運行を開始した。この列車には、一部に対面式のボックスシートを装備した車両が充当されていたのだが、当時は映画館や喫茶店などにある2人掛けの座席を「ロマンスシート」と称するのが流行っていたことから、これに倣って「ロマンスカー」と一部で呼ばれるようになった。当時のパンフレットには、車両紹介の説明書きに「ロマンスカー」の文字があったという。

もっとも、「ロマンスカー」を名乗る列車は小田急が初めてではなかった。小田急が開業した1927年に、京阪電気鉄道は転換クロスシートを備えた1550形を導入しているが、この時に同社は「ロマンスカー」という名称を用いており、これが日本初の事例とされている。また、戦前には南海鉄道（現：南海電気鉄道）や東武鉄道などでも転換クロス

「SE」の愛称が付けられた小田急3000形　写真は晩年の姿

シート車両が「ロマンスカー」と呼ばれていた。特に、東武鉄道は戦後も特急車両を「ロマンスカー」と呼んでおり、１９６０（昭和35）年から１９９１（平成３）年まで活躍した１７２０系は「デラックス・ロマンス・カー（ＤＲＣ）」の呼称が与えられていた。

このように、戦後もしばらく、「ロマンスカー」の名称を使う鉄道会社がいくつかあったものの、次第に「ロマンスカー＝小田急」という図式ができあがってゆく。それが不動のものとなったのは、１９５７（昭和32）年に登場した３０００形（初代）、通称「ＳＥ（Ｓｕｐｅｒ Ｅｘｐｒｅｓｓ）」であろう。

この３０００形は、当時の日本では珍しい、純然たる特急専用車両として開発された。また、高速走行を目指して徹底した軽量化や新技術の採用が行われているが、それはデザインにも表れている。前面形状は飛行機に範を取った流線型で、風洞実験による検討が行われた。風洞実験とは、前頭部の模型（または実物）に高速の風を当て、列車が走っている状態を再現するというもの。前頭部の形を変えることで、空気抵抗や騒音がどのように変化するかを調べ、高速走行に適した形状を探る。飛行機などでは前例があったものの、鉄道車両としては初めての試みであった。

ちなみに、流線型の鉄道車両は小田急３０００形の登場以前にも存在したが、それらはこうした検討がなされたものではなかった。「前面を流線型にした方が、角ばった車体よりも空気抵抗を小さくでき、より速く走れる」というのは、我々が日常生活の中でも感じられるものだが、これと同様の考えに基づくものだった。あるいは、「流線型はスピード感があってカッコいい」という、デザイン性を重視した結果だったとも言われている。

こうして生まれた小田急３０００形は、当時の鉄道車両としては世界最速レベルのスピード記録を樹立。空力抵抗を考慮したデザインは、初代新幹線の０系を開発する際に参考とされた。同時に、バーミリオンオレンジと呼ばれる濃い橙色を取り入れた斬新なカラーリングは多くの人々から注目され、いつしかロマンスカーといえばこの形状の、そしてこの色の列車を指す人が増えていった。

◯ロマンスカーの変遷と社外デザイナーの車両デザイン

その後、小田急の特急車両は３１００形「ＮＳＥ」や７０００形「ＬＳＥ」など、運転席を２階に上げて最前部を展望室としたものが主流となってゆく。カラーリングを変更した１００００形「ＨｉＳＥ」の登場から数年後、小田急は「ロマンスカー」という名前を商標登録。名実ともに「ロマンスカー」は小田急の特急車両を指す言葉となった。

一方、その頃になるとロマンスカーの客層に顕著な変化が見られるようになった。それまでは箱根や江の島に向かう観光客がメインだったが、沿線人口の増加によって小田急線の混雑が激化したことで、途中駅から都心に向かう人たちが「確実に座れ、ゆったりと移動できる列車」としてロマンスカーを使うようになったのである。

そこで、１９９６（平成８）年に登場した３００００形「ＥＸＥ」は、展望室を廃し、前頭形状も曲面が少ないシンプルな構成とした。同時に、乗車定員を増やすため、乗り心地が良いとされる連接式（車両と車両の連結部に台車を配置する方式）を通常の方式に変

小田急50000形「VSE」　展望室は箱根への“特等席”となった

更。最大10両での運行とした。

この方針転換は、通勤利用者などから一定の支持を得られた反面、観光客にとっては魅力に乏しい車両となり、今一つの評判となってしまった。これらは開発段階で想定されたことではあったが、「ロマンスカー」ブランドの再構築、さらには観光地としての箱根の復権をめざし、小田急は2002（平成14）年、新たなロマンスカー・50000形「VSE」の開発に着手した。

そしてこの時、デザイナーとして迎え入れられたのが、建築家の岡部憲明氏だ。岡部氏は関西国際空港や牛深ハイヤ大橋といった数々の建築・土木構造物を手掛けるのみならず、乗用車や豪華客船のデザインにも携わっていた。一方、それまで鉄道車両のデザインは鉄道会社と鉄道車両メーカーのスタッフによって進められるのが一般的であり、外部のデザイナーが携わるケースはJR東日本の253系「成田エクスプレス」やE3系新幹線「こまち」などで見られたものの、まだまだ一般的ではなかった。ロマンスカーに新しい息吹をもたらそうと、岡部氏に声をかけた小田急の決断は、なかなか先鋭的だったと言える。

新たなロマンスカーをデザインするに当たって、小田急が岡部氏に提示した条件は、「展望席を復活させてほしい」「連接構造を採用してほしい」「乗客が心をときめかせられるデザインにしてほしい」という3つだった。このうち、前の2つは具体的な内容であり、鉄道車両設計の基本を押さえればよいため、それほど難しいものではない。対して、3つめの条件は抽象的であるため難しく、それだけに岡部氏にとって〝腕の見せどころ〟だったという。

ここで岡部氏が取り入れたのは、住宅でのデザイン手法を応用することだった。というのも、新たなロマンスカーは連接構造を採用する関係で、車両のサイズが通常の車両よりも短く、幅3メートル×長さ13メートルほどとなる。そしてこのサイズは、住宅などのコンパクトな建築物と似ているのだ。そこで、鉄道車両を建築物に見立てて、その内部をデザインしていったのである。

その一例として、天井の高さが挙げられる。日本は、住宅も鉄道車両も天井が欧米のそれと比べて低く、おのずと目線が下を向きがちだという。理由の一つとしては、住宅の場合は欧米と違って畳に座る文化であり、座った状態での目線が基準となっているため、高さ方向の〝圧迫感〟をそれほど感じないからである。ただし、鉄道車両は欧米の住宅と同様、椅子に座った状態が基準となる。そこで、ＶＳＥは天井を高くし、目線を上げることで空間にボリュームを持たせた。ただし、鉄道車両は架線や架線柱、ホームなどとぶつからないよう、「車両限界」という上限のサイズが定められているため、やみくもに天井を高くすることができない。解決方法として、通常は屋根部分にあるクーラーの機器を移動させ、ダクトの形状を工夫するなどして、出っ張りを排除。一部を除き、通常の鉄道車両よりも25センチメートルほど高い、２・55メートルの天井高を確保して、空間の奥行きを感じられるようにした。実際に乗ってみると、内装の色使いと相まって、まるでホテルの喫茶室やバーラウンジにいるかのような印象を受ける。

また、窓は高さ方向の大きさを抑え、逆に長さ方向をできるだけ大きくすることで、都会のビル街から近郊の住宅地、丹沢の風景や富士山など、沿線の風景をパノラミックに楽しめるようにした。長さ８メートルに及ぶ連続窓は、途中に柱があるものの、構造解析によって可能な限り細くされており、視界の邪魔にならない。座席も、背もたれの形状や厚みを細かく検討し、空間を広く感じられるようにデザインされた。ちなみに、座った状態で目線が自然に窓の外へ向かうよう、座席は5度ほど窓向きに配置されているが、これも車窓をより楽しめるよう施されたデザインである。

○帽子のデザインを変更して車両の課題を解決

車内空間をデザインするに当たって、もう一つ知恵を絞ったのが、小田急から提示された条件の一つでもある、展望室の構造だった。展望車両という特性を考えれば、窓を大きく、天井を高くするというシンプルな答えに至るのは自明だったが、鉄道車両の場合はその上に位置する運転席を、車両限界に収める必要がある。そこで、運転席は高さ的にもっとも余裕が生まれる中央部に配置し、さらに運転士は足を前方に伸ばすような形で着座することで、高さ問題をクリアした。

この運転席を巡っては、面白いエピソードがある。それは、運転士が被る制帽にまつわるもの。ロマンスカーの運転士が被る制帽は、それまで他の列車と同様、正面に帽章が付いたもので、帽章がある分だけ制帽の前の部分が高くなっていた。そこで、新たな制服は帽章を省略することで高さを3センチメートルほど抑え、頭上の空間を確保したのだ。岡部氏がロマンスカーに関する全てのデザインを任されていたからこそ可能となった手法であり、もし従来どおり「車両は車両メーカーのデザイナー、制服は服飾デザイナー」というように分かれていたら、こうした解決策は生まれなかっただろう。

○建築家がこだわった編成美

ここまでに挙げた工夫は、主に乗客が車内で快適に、かつくつろいで過ごせる空間づくりに対してのものであるが、車両のデザインは内部だけではない。むしろ、外部のデザインこそが注目されやすく、その列車のイメージを決定づける重要な要素となる。それゆえ、ここにももちろん岡部氏の〝美学〟が表れている。

鉄道車両を編成として見てみると、高さはほぼ同じである一方、横方向には極端に長い、いわばロングサイズの鉛筆のような形である。そこで岡部氏は、これをオブジェと見立て、小田急沿線に広がる様々な景色の中に、ある時はうまく溶け込み、ある時は存在感を発揮する、一つの細長いオブジェを置くイメージでデザインしたという。統一された屋根の高さ、床下ほぼ全体を覆うカバーなど、言われてみれば確かに編成全体が一つのまとまりとして見えてくる。

ボディカラーが細い帯を一本シュッと引いただけの白色というのも、鉄道車両では珍しい。スタンダードな色であるだけに、その微妙な色合いにはこだわり、結果として新幹線や飛行機などよりも少し柔らかみのあるものが選ばれた。また、ロマンスカーの伝統を受け継ぐ証として、帯の色はバーミリオンオレンジとされたが、その太さもオブジェとしての全体のボリューム感を崩さず、上下を分断せず、それでいてきちんと主張するよう、検討を重ねたそうだ。

こうして誕生したVSEは、デビューと同時に大きな反響を呼んだ。メインターゲットである観光客から絶大な支持を受け、「VSEに乗る」ということが箱根や江の島へ行く動機づけになるなど、観光復興にも威力を発揮。グッドデザイン賞や鉄道趣味団体が優れた車両に贈るブルーリボン賞に加え、アジアデザイン大賞（香港）や世界三大デザイン賞のひとつとされるiFデザイン賞（ドイツ）など、海外からも高い評価を得た。

ところで、ブルーリボン賞は小田急3000形「SE」の登場時、その素晴らしいデザ

小田急伝統のバーミリオンオレンジをまとった70000形「GSE」

インや技術を称えたいという声が鉄道ファンの間から上がり、創設されたものである。いわば「ロマンスカーのためにできた賞」であり、ＳＥ以降の歴代ロマンスカーもその栄誉に浴していたのだが、ＥＸＥだけは受賞を逃した。ちなみに、当該年のブルーリボン賞は「該当車なし」という異例の結果で、強力なライバルの前に敗れた……というものではなかった。小田急開発陣の落胆ぶりは推して知るべしである。ＶＳＥには「ブルーリボン賞を再び」という使命も課せられていたのだが、様々な甲斐あって見事に達成。後輩である６００００形「ＭＳＥ」、７００００形「ＧＳＥ」も受賞にいたった。

○ニーズの違いで変わるデザイン

ここまで、小田急ロマンスカーを例として、デザインに対する考え方を見てきた。ロマンスカーは現在、箱根や江の島へ向かう観光客向けに特化した「GSE」、通勤やビジネス利用などの短距離利用者をメインターゲットとした「EXE」、そして両者の〝いいとこどり〟をした「MSE」に分かれている。同じ「ロマンスカー」というブランドながら、デザインを分けることでそれぞれのニーズをうまく満たしていると言えるだろう。

こうした、ニーズの違いに応じたデザインの違いというのは、他社でもよく見られる。近畿日本鉄道（近鉄）の50000系「しまかぜ」と80000系「ひのとり」もその一つだ。前者は伊勢志摩へと向かう観光特急、後者は名阪間（名古屋～大阪）を結ぶビジネス特急という位置付けがなされており、それが車内外のデザインにも表れている。窓の大きさひとつとっても、「しまかぜ」がなるべく大きな窓を配している一方、「ひのとり」はパーソナルスペースを重視し、あえて大きさにこだわらないデザインとしている。名阪特急の先輩にあたる21000系「アーバンライナー」などが座席2列分に相当する広い窓を採用したのに対し、「ひのとり」は1列ごとの小窓として窓間の柱にコートハンガーを設

窓柱や座席背面にフックが設けられた近鉄80000系「ひのとり」

けたのも、ビジネス客を重視した結果だ。前者の場合、半数の座席が目線の斜め前に柱がある形となり、人によっては柱がない席と比べて〝ハズレ〟という印象を持つが、後者では全席で窓の配置が同一となり、不公平感が出ないという効果もある。

また、「しまかぜ」は座席とは別のカフェ車両で食事や飲み物を楽しむことができ、ワゴン販売もあるのに対し、「ひのとり」の飲み物は1杯ずつ抽出するコーヒーをセルフ販売する形だ。これも、それぞれの列車の特性を踏まえた判断だと言える。

「ひのとり」ではもう一つ、面白い工夫がなされている。座席周りには前述のコートハンガーに加え、前席の背面にも2つフックがあり、乗

窓を小さくして座席の居住性を向上させたOsaka Metro 400系（イメージパース）

車前にコンビニエンスストアなどで買った飲み物や弁当などの袋を、ここにぶら下げることができる。背面テーブルに置いたハンドバッグが倒れないよう、このフックに持ち手を掛けるといった使い方も可能で、使いやすさをデザインで解決した一例と言える。

○窓の大きさをとるか、背もたれをとるか

窓の大きさについて、もう少し見てみよう。

近年、側面窓の高さ方向を小さくしたロングシート車両が見られるようになった。ＪＲ九州の８２１系が代表例であり、また２０２３年のデビューが予定されている大阪市高速電気軌道（Ｏｓａｋａ Ｍｅｔｒｏ）の４００系も、窓がかな

り小さくなっていることが公開されているデザインイメージで確認できる。

なぜ、このようなデザインになっているのか。皆さんが座席に座った時のことを思い返してほしい。ロングシートの背もたれはどちらかというと低めで、体が不安定にならないだろうか。そして、窓ガラスに頭をもたせかけていると、対向列車とすれ違った際の風圧でガラスがガン！　と動き、頭を軽く打ったような感じになったことはないだろうか。

ロングシートの背もたれはなぜ低めなのか。答えは一目瞭然で、窓の下端に合わせているからである。実は、ロングシートの背もたれの高さ＝窓の下端の位置は、初期の電車と比べてあまり変わっていない。背もたれの上端は肩よりも下、だいたい胸の位置あたりである。かつて車両にクーラーがなかった時代は、窓から入る風が一服の清涼剤であった。たとえば代表的な通勤車両である国鉄103系などは、2段窓の下側が上に開く構造で、風が肩口にあたり涼しく感じられた。また、昔は車内の照明を使うのは暗くなってからであり、窓を大きくすることで昼間の採光を確保するという意味合いもあった。

だが、空調や照明が完備され、停電などの緊急時も車両に搭載されたバッテリーで換気ができるようになった今、こうした目的で窓を大きくする必要は薄れてきた。となれば、窓の下端を上げてロングシートの背もたれを高くし、ゆったりともたれかかれるようにするのも一つの手だろう。前述の821系や400系はこのような考えの下、側面のデザインが変更された。

もっとも、これには賛否両論がある。居住性は良くなる半面、座った状態で外が見づらくなるなどのデメリットもあるからだ。その車両の用途としてどちらを優先するか検討した結果、前述の2形式は居住性をより重視したのである。近年は、車内でスマートフォンを使う乗客が多く、通勤列車で車窓を見る人が少なくなっているというのも、背景にあるのかもしれない。

○建築物と鉄道車両で異なる〝材料への要求〟

2020(令和2)年9月、JR西日本の長距離列車「WEST EXPRESS 銀河」(以下「銀河」)が運行を開始した。2016(平成28)年に急行「はまなす」が廃止されて以降、日本の寝台列車はいわゆる豪華クルーズ列車を除くと「サンライズ瀬戸・出雲」のみとなっており、「銀河」は久しぶりに運賃+特急料金だけで乗車できる列車の登場となった[ただし、新型コロナウイルス感染症の影響などにより、2022(令和4)年

大きな窓から上越の山と海が存分に楽しめる「リゾート雪月花」

12月現在は旅行会社のパッケージツアー形態での販売のみとなっている」。

この列車のデザインを担当した川西康之氏も、鉄道車両設計の専門家ではなく、建築家である。川西氏はフランス国鉄の交通拠点整備研究所での勤務を経て、２００４（平成16）年に開業した肥薩おれんじ鉄道のロゴマークや駅名標などのデザインを担当。その縁で、同社の初代社長だった嶋津忠裕氏がえちごトキめき鉄道の初代社長に就任すると、その駅名標や車両などのトータルデザインを手掛けた。

そして２０１６（平成28）年、えちごトキめき鉄道が導入した観光列車「えちごトキめきリゾート雪月花（以下「雪月花」）」では、川西氏が基本設計の段階から携わった。「雪月花」は、同社が通常運行で使用しているディーゼルカーと同じET122形を名乗り、走行機器類も同一となっているが、車体構造やデザインは全くの別物である。車体色は同社のロゴマークにも取り入れられている朱色で、「日本海ひすいライン」「妙高はねうまライン」の路線愛称どおり、日本海や妙高の山々といった風景の中によく映える。冬、雪が降り積もる中を走りゆくさまは、同社のマスコットキャラクターでもあるトキが飛ぶ姿を思い起こさせる。

「雪月花」をデザインするにあたり、川西氏が意識したのは、この沿線の絶景をいかに楽しんでもらうかということだった。前面や側面の窓は鉄道車両としては日本最大級だが、これは「雪月花」が既存車両の改造ではなく新車として導入されたことと、川西氏が設計当初から関与していたことの賜物である。天井を最大限まで高くし、一部を高床式とできたのも同様だ。さらに、えちごトキめき鉄道が新潟県の第三セクター鉄道であることから、「新潟県にしかない観光列車を創る」という強い意志の下、燕三条の金物類や阿賀野地域の瓦を使った床材、村上地域の越後杉など県産品が積極的に使われている。

ただし、この取り組みはかなりの困難を伴った。というのも、建築物と鉄道車両では、材料に要求される性能が全く違うからだ。たとえば耐火という点では、両者とも不燃性能（難燃性能）が求められるが、その内容が異なり、認定基準も別々となっている。建築物として基準を満たした不燃素材であっても、鉄道車両の基準を満たしているとは限らず、また認証の仕組みも異なるため、そのまま使うことはできない。鉄道車両としての認証を改めて取得するために、相当な手間と時間を要したという。

また、鉄道車両は建築物よりも過酷な気候や条件の下で使用される。寒暖差が大きく、時には酷暑や暴風雨の中を走ることもある。建築物には玄関や風除室があり、靴に付いた水や砂はここである程度落ちるが、鉄道車両の車内にはほぼダイレクトに入ってくるため、フローリングなどの床材は建築物よりも高い耐久性が求められる。そもそも、建築物は鉄道車両と違って動かないので、走行時の振動やねじれとも無縁だ。

こうした独特のハードルをいくつもクリアし、これまでに建築設計で培ったノウハウを存分に生かしながら、それぞれのニーズに合った特徴的な外観や快適な空間をデザインする。その結果が、「雪月花」の高い人気につながっている。

○新快速を寝台列車に変える

話を「銀河」に戻そう。川西氏が鉄道車両のデザインを手掛けるのは、「雪月花」に続く

既存車両の改造によって誕生したJR西日本の「WEST EXPRESS 銀河」

２例目となったが、この二つには決定的な違いがあった。それは、新造車両か改造車両かという点である。新造車両であれば、前述のように基本設計の段階で天井の高さや窓の大きさなどを考慮した車両の構造にできるが、改造車両の場合そうはいかない。柱や梁を動かすといった大幅な変更ができないため、扉の位置や窓割りを変えられず、客室の使い方にも大きな制約が生まれる。仕切り壁や座席をどのように配置するか、それらをどう支えるかなど、最後まで頭を悩ませたそうだ。

「銀河」は、国鉄１１７系電車をベースに改造されている。１１７系はもともと新快速用として開発された車両のため、天井がそれほど高くないほか、扉の位置が中央に寄っている点も、観光車両に改造するにあたってネックとなった。しかも、「銀河」は夜行列車としての運行が想定されており、２段寝台タイプの座席も設ける計画だった。通常であれば、この天井高さで２段寝台を置くと頭がつかえてしまう。そこで、昼間はベッドに座るという従来の〝常識〟を覆し、昼間も横になって移動するというスタイルを採用。下段のベッドを思い切って低くし、床面から15センチメートルほどの高さとした。

編成中に設けられた、グリーン席の「ファーストシート」も特徴的だ。これまで、グリーン席というのは普通席よりもリクライニングの角度を深くとり、フットレストなどの足置きを設けて差別化を図るのが一般的だった。ＪＲから当初示されたイメージ図も、座席の配置を１＋１列構成とし、ゆったりリクライニングできるよう前後の間隔を大きくしたものだったという。だが、普通席の乗り心地が改善された昨今、こうした考えのままでよいのだろうか。「銀河」にグリーン席を設定するにあたって、川西氏はまずそこから見直した。そして出た結論は、「グリーン席は普通席よりも自由な体勢でくつろげる座席」という位置づけだった。

こうして生まれた「ファーストシート」は、あえてリクライニング機構を廃し、代わってクッション性を良くするとともに座席の横幅を広くした。座面に足を上げたり、窓にも

「WEST EXPRESS 銀河」のファーストシート。座面はスライド式で寝台にもなる

たれかかるようにして斜めに座ることも可能で、それぞれの乗客が一番楽な体勢をとることができる。

これらはいずれも、デザインによって車内でのくつろぎ方に新たな形を与えたと言えるだろう。観光列車といえば、「景色を見やすくして座席を豪華にし、特徴あるフリースペースを設ける」というのが定番だが、それ以外にも多様な魅力づけがデザインで可能になるのだ。

なお、「銀河」はフリースペースにも様々な工夫が取り入れられた。完成時に行われた報道公開で、筆者が個人的にとてもワクワクしたのが、将棋やオセロなどの盤面を刻んだ4人掛けのテーブルである。川西氏によると、ヨーロッパでは街角の公園にチェスの盤面を刻んだテーブルがあり、たまたま居合わせた見知らぬ人たちがゲームを楽しむ光景が見られるそうで、車内でも乗客同士の会話や交流が生まれるきっかけとしてデザインしたという。だが、「銀河」のデビュー直前に始まった新型コロナウイルス感染症の大流行によって、乗客同士のこうした交流はタブーとなってしまい、現在もこの盤面は使われていない。いつか、「銀河」の車内で居合わせた乗客と将棋を指してみたい……それが筆者の密かな夢である。

○〝水戸岡デザイン〟の分かりやすさ

日本各地で、様々な観光列車が運行されるようになって久しい。そのほとんどは、個性あふれる外観や内装、サービスを自慢としており、また地域の特色や地産品を取り入れるなど、〝唯一無二〟の列車となっている。

こうした観光列車を語る上で欠かせない存在が、ＪＲ九州の「Ｄ＆Ｓ列車」と、その全てに携わるデザイナーの水戸岡鋭治氏だ。ＪＲ九州と水戸岡氏の関係は、ＪＲが発足した翌年、１９８８（昭和63）年にデビューした「アクアエクスプレス」にさかのぼる。翌年には、湯布院に向かう観光特急「ゆふいんの森」がデビュー。以降、観光列車を含むJR九州の新型車両はもちろん、駅舎やバス、高速船なども手掛け、今やJR九州グループにとって欠かせないデザイナーとなっている。また、岡山出身という縁から岡山電気軌道の路面電車をはじめとする両備グループのデザイン顧問も務めるほか、富士急行グループの車両デザインなども手掛けている。

水戸岡氏の経歴やD&S列車の詳細については、これまでにも様々な書籍で紹介されているのみならず、何より水戸岡氏自らが著書に記しているため、本書では割愛させていただくとして、ここでは先述した鉄道会社以外で増え続ける、水戸岡氏がデザインを手がけた車両について、少し見てみたい。すなわち、各社はなぜ水戸岡氏にデザインを依頼するのか（あるいは水戸岡氏以外のデザイナーに依頼するのか）という点だ。

水戸岡氏がデザインした地方鉄道の観光車両としては、京都丹後鉄道の「丹後あかまつ号」「丹後あおまつ号」「丹後くろまつ号」、井原鉄道の「夢やすらぎ号」、しなの鉄道の「ろくもん」、長良川鉄道の「ながら」など、枚挙にいとまがない。近年では、若桜鉄道で3両それぞれカラーリングの異なる「昭和」「八頭」「若桜」が登場し、また伊豆急行のクルーズトレイン「THE ROYAL EXPRESS」が北海道で運行されたことなどが話

2022年に登場したJR九州最新のD&S列車「ふたつ星4047」

水戸岡鋭二氏が手掛けた若桜鉄道の観光車両「昭和」

題となった。これらは、もちろん各社によって趣向が凝らされているものの、基本的な部分で共通点が見られる。たとえば、黒や紺、茜色といった濃色系のカラーリングとアルファベットで列車名などを表記した外観であり、フローリングの床や木製の家具、濃い色合いの布地を使ったソファ調の座席など全体的に木や布の質感を生かした内装である。こうした特徴はいずれも、水戸岡氏がデザインした車両のアイコンとなっており、いくつかの観光列車に乗った経験がある方なら、一目で「この列車は水戸岡さんがデザインしたに違いない」と分かるほどだ。

この分かりやすさは、鉄道会社にとって3つの大きなメリットとなっている。1つは、その知名度だ。豪華クルーズ列車「ななつ星 in 九州」や西九州新幹線「かもめ」などを手掛け、テレビなどでよく紹介される水戸岡氏のデザインした列車に、九州に行かずとも乗れるというのは、大きなアピールポイントとなる。

2つめのメリットは、その導入費用だ。水戸岡氏のデザインは、ベースとなる部分が確立されている。各鉄道の地域性や利用方法に応じた追加の要素をそれらに組み合わせることで、オリジナリティを盛り込むという手法をとっているため、ゼロから設計するよりもはるかに低コストで進めることができるのだ。また、鉄道車両に使う素材は先述のように耐火基準や耐久性能をクリアしなければならないが、すでに実績がある素材が大半のため、こうした手間や費用も必要ない。とある鉄道会社では、他のデザイナーに任せた場合は予算的に２両しか導入できないところ、水戸岡氏に依頼することで３両の観光車両を導入できると試算された。厳しい経営状況で資金に余裕がない地方の鉄道会社にとって、このメリットは大きい。

○オリジナリティと費用の狭間で

ところで、第三セクター鉄道が観光車両を導入するための費用は、補助金などの形で最終的に地元自治体が負担するケースも多い。税収が豊かな都会の自治体ならいざしらず、利用者減が続く地方の自治体にとっては小さくない金額であり、もし期待値以下の結果――思ったほど観光客を呼び込めなかった、あるいは収益に結びつかなかった――となった場合、〝役所の論理〟として責任問題が付いて回る。その際、「鉄道車両の実績がないデザイナーに依頼したケース」と「水戸岡氏に依頼したケース」では、後の展開が大きく変わるのだ。

「水戸岡氏はこれまで多くの車両を手掛け、成功の実績を積み上げています。役所や議会は過去の事例を重視しますから、水戸岡氏の起用は理解を得やすいですし、もし水戸岡氏がデザインした車両をもってしても観光客が増えなかった場合に、『あれだけの実績がある方に依頼してもダメだったのだから、この失敗はデザインが原因ではない』と、責任の所在をうやむやにできるのです。これが実績のないデザイナーによるものであれば、『だれがあのデザイナーを連れてきたのか』と責任問題になることは必至です」と、別の鉄道会社の幹部は話す。これが、3つめのメリットである。

もちろん、そんなケースばかりではない。せっかく観光車両を導入するのだから、少し費用がかさんでもオリジナリティにあふれる車両にしたい、という鉄道会社や役所も少なからず存在する。えちごトキめき鉄道はその好例であり、「雪月花」の人気を見れば、嶋津初代社長をはじめとする経営陣や自治体の判断は間違っていなかったことが分かる。一方、水戸岡氏にデザインを依頼した会社も、その上で「どこまでこだわりぬくか」がカギとなる。しなの鉄道は2014（平成26）年に観光車両「ろくもん」を導入したが、その出発式で水戸岡氏は「しなの鉄道はギリギリの予算にもかかわらず、ずうずうしいほど夢とロマンがあふれる要望を出してきた」と笑いながら話したという。

先の鉄道会社幹部は「自治体の中には『〝水戸岡デザイン〟の車両を入れれば観光客は来

るだろう』という安易な考えのところもあります。費用をなるべく抑えたいので、いわば〝基本パッケージ〟だけのシンプルな構成で、オリジナリティは全くありません。水戸岡氏にも失礼ですし、なによりそんな考えで導入した車両に観光客が魅力を感じてくれるはずがありません」とも語った。結局のところ、デザインの先に独自ブランドの形成までを見据えられるかどうかで、結果が分かれるのだ。

ここまで、車両のデザインとそこに込められた思い、そして鉄道会社の考えについて見てきた。ロマンスカーも「雪月花」も、いまや観光車両におけるひとつのブランドとなるまでに成長した。一方、〝水戸岡デザイン〟のＤＮＡが組み込まれた数多くの観光車両が、今日も全国で乗客を楽しませている。様々な関係者の思惑が交錯した結果が、それぞれの車両のあのデザインなのだ。

第2章

路線や駅は〝デザイン〟でどう変わるのか？

第1章で述べたように、鉄道のデザインといえば、まずは車両の〝見た目〟について思い浮かべるという人が大半だろう。先頭部はどんな形か、車体はどんな塗り分けか、といった点が中心であり、特急列車や観光列車であれば、車内にどんな座席が並び、インテリアやフリースペースにどんな工夫がされているかも気になるところである。

ただし、鉄道車両の大きさというのはほぼ決まっている。ＪＲの在来線車両の場合、車両の長さは約20メートル、幅は約２・９メートル、そして車内の高さは約２・３メートルというのが一般的だ。この定められた空間の中に、座席やトイレ、扉、バリアフリー設備などを配置し、さらにコンセプトに沿ったデザインを施して魅力的な車両を作り上げるわけだが、その軸は「必要な要素をどこに配置するか」という点にある。制約が多いというのは腕の見せどころである反面、定型的な要素を組み合わせてゆく、いわば〝パズルを組み立てる作業〟という側面もある。

一方、鉄道を利用する際にはほぼ例外なく、駅も使うことになる。駅は車両ほどサイズに制約を受けない場合が多く、設計の自由度は高いが、それゆえ検討すべき項目が増える。たとえば、改札前のスペースはどれくらいの広さが適切か、券売機や改札機、階段、トイレはいくつ必要か……。売店や自動販売機を設置するかどうか、そして設置するならその大きさは、バックヤードは必要か、電源はどこから取り回すか……など、実に多岐にわたる。また、利用者の数や客層も千差万別であるため、課題も多い。同程度の利用者数が見込まれる2駅があったとして、その駅前に片方は総合病院が、もう片方は高校があった場合、必要な設備は大きく変わってくる。前者であればエレベーターを大きくする、後者であれば朝の通学時間に限定した臨時出口を設置する、といった具合だ。

そして、こうした課題を解決しようとする取り組みも、常に行われている。その手法として、「大きさによる解決」や「新しい技術や機器の導入による解決」などとともに挙げられるのが、「デザインによる解決」だ。

この章では、駅というものの存在や進化を振り返りながら、デザインとのかかわりについて見てみよう。

○駅に求められる要件からデザインを見る

そもそも、駅（以降、この章での駅とは旅客駅のことを指し、貨物だけを取り扱う貨物駅は含めない）というのは旅客が列車に乗る際に利用する施設であり、大きく分けて3つの機能を持つ。それは、乗客に対してきっぷを販売する「出札」、乗客が有効なきっぷを所持しているかどうかを確認する「改札」、そして人が乗り降りする「乗降場（プラットホーム）」だ。ここに、旅客の利便性を考慮した設備（トイレや売店、案内所など）や、駅の規模や地域性、利用者の特性などに応じた機能（待合室やバスロータリーなど）が付加される。

鉄道の歴史を振り返ると、明治時代から長らくの間、駅にはこの3つの機能が揃っていた。人の流れとしては、まず出札口できっぷを購入し、改札口でそれを駅員に見せた後、プラットホームから列車に乗るという形である。また、かつては乗客がいつでもホームに入れるわけではなく、列車の発車時刻が近づくまで改札口が閉じられていて、乗客は待合室で待つというスタイルが一般的だった。列車の本数が増加するにつれて、常に駅員が改札口に立ち、乗客はきっぷを買うとそのまま改札口を通ってホームに向かう形が主流となったものの、現在も一部の地方路線では発車時刻直前まで改札口が閉じられ、「ただいまより、○時○分発□□行きの改札を始めます」という案内を聞くことができる。

このスタイルの場合、改札が始まるまでは乗客が改札外に滞留するため、相応の広さを持つ待合スペースが必要だった。戦前に建てられた駅舎が今も全国各地に残っているが、

旧大社駅の駅舎内　出雲大社の玄関口らしく大きな出札口や広い待合スペースを備える

それらの多くは上から見ると長方形の建物で、内部のうちおよそ半分が出札窓口を備えた事務室、残る半分が待合スペースとなっている。2室を隔てる壁に沿う形で駅の出入り口と改札口があり、待合スペースは壁に沿って木製のベンチがコの字形に作りつけられていた。もちろん、駅の規模や地域性に応じてスペースの配分や設備の数に差はあるものの、今も残る駅舎を回ってみると、いずれも似たような雰囲気となっているのが分かる。

ところで、この頃の駅舎設計はもちろん手作業によって行われていた。また、建築資材も多彩な種類があるわけではなく、「屋根はこの素材、扉はこの材質」というように、いわば〝定番品〟を使うことが多かった。すなわち、利用者が極端に多い（少ない）場合や敷地がいびつな形をしている場合、あるいはデザインにこだわる場合を除き、図面を流用して同じような駅舎を建てるケースが多く見られる。

たとえば、鳥取県を走る若桜鉄道（旧：国鉄若桜線）の隼駅と八東駅は、屋根や壁の色遣いだけでなく、正面向かって右側に寄せられた出入口や、駅員の休養スペースが左側で少し張り出して設けられている点など、ほぼ同じ構造となっている。よく見れば、八東駅の待合スペースは隼駅のそれよりも広げられているが、これは両駅の利用者数などを勘案した結果だと思われ、ベースとなった設計図は同じだと考えられる。また、かつて岡山県を走っていた同和鉱業片上鉄道は、今も残る吉ヶ原駅と同じ、赤い三角屋根を持つ洋風の駅舎がいくつか見られた。

さらに、東武鉄道のときわ台駅と南宇都宮駅は、屋根瓦の材質や壁面のデザインが異なるものの、駅舎の形はそっくりである。ときわ台駅は、後に改札口の位置が変わるなどオリジナルの姿ではなくなっていたが、２０１８（平成30）年に耐震補強工事を兼ねたリニューアルで、開業時のデザインや塗装が再現された。そしてその際には、原形を比較的よくとどめていた南宇都宮駅を参考にしたという。なぜ両駅のデザインが類似しているか

若桜鉄道の隼駅（上）と八東駅（下）の駅舎　一見するとほぼ同じ造りだが八東駅は右端の待合室部分がわずかに拡幅されているのが分かる　こうした事例は全国で見られた

は、記録に残っていないため分からないそうだが、設計図が流用されたであろうことは想像に難くない。逆に、資材やデザインの一部を変えることで、個性を出そうとしたのだろう。

○駅に求められるようになった新たな要素

1872（明治5）年に新橋～横浜間が開業して以来、日本の鉄道は発展の一途をたどった。ただし、当時の政府は財政的な余裕がなかったため、官営の路線は東海道本線と函館本線の南小樽～岩見沢間などごく一部。東北本線や常磐線、高崎線などは日本鉄道が、中央本線の御茶ノ水～八王子間は甲武鉄道が、総武本線は総武鉄道が、そして山陽本線は山陽鉄道が建設した。これらはいずれも、1906（明治39）年に公布された「鉄道国有法」によって国有化され、現在はJRの主要路線となっている。

その後も鉄道は全国に路線網を伸ばしたが、太平洋戦争によって壊滅的な被害を受け、戦後しばらくは復興に追われることとなる。車両と共に駅も〝使えればよい〟という状態で、必要最低限の設備のみを復旧させ、利用者をさばいた。

そんななか、1949（昭和24）年に鉄道省から鉄道事業を分離する形で誕生した日本国有鉄道（国鉄）は、各エリアのターミナル駅を再建するのに際して、新たな手法を導入した。それは、駅に商業施設を併設し、その運営を民間事業者に任せる代わりに、建設費用を負担してもらうというものである。商業施設の併設は戦前に阪急電鉄（当時は阪神急行電鉄）や東武鉄道など各地の私鉄で見られ、国鉄もこれに倣った形だ。これまで3つだった駅の主要機能に、「商業施設」という新たな要素を付加したことになる。

ただし、国鉄がこの手法を取り入れるにあたっては、大きなハードルが一つあった。国鉄は鉄道事業を運営するために設立された国の特殊法人であり、それゆえ鉄道事業以外の営業活動を行うことに、厳しい制約が課されていた。つまり、阪急や東武のように自らが商業施設を建設・運営することができない。そこで、民間事業者とタッグを組むことにしたのである。

「民衆駅」と呼ばれるこの手法は、1950（昭和25）年に誕生した豊橋駅を皮切りに、秋葉原、札幌、新潟、広島、博多など全国に波及。中には天王寺駅のように、近鉄や南海といった〝ライバル会社〟が資本参加する例も見られた。いずれも、戦後の鉄道復興に大きな役割を果たし、同時に利用者にとって大きなメリットをもたらしたと言える。ちなみに、1971（昭和46）年に法律が改正され、以降は国鉄が自ら商業施設を手掛けるように

「ルミネエスト新宿」となった新宿駅東口の建物は現在も残る民衆駅の一つ

なっていった。

○新しい要求を満たす駅の構造変化

ところで、駅に「商業施設」という新たな機能が加わると、駅自体の構造にも変化が見られるようになった。つまり、商業施設を利用する人々の動線を考える必要が生じたのである。

商業施設の利用者は、鉄道を使って訪れるとは限らない。徒歩や自家用車、バスなどで訪れる人も多いが、そうした人たちにわざわざ駅の出入り口を通ってもらう必要はない。むしろ、動線がかちあうことによるデメリットも大きいため、外部からの出入り口と駅舎内からの出入り口をうまく配置する、つまり空間のデザインが重要となる。一方、駅直結というメリットを

駅構内から商業施設に直接出入りできる改札口（大阪駅）

最大限に生かすには、列車に乗って来た利用者をスムーズに店内へと迎え入れたい。そこで、商業施設に直接出入りできるよう、両者を隔てる壁に専用の改札口を設けた例も多い。

さらに、商業施設に出入りするのは利用者だけではない。従業員や搬入業者、さらには商品を積んだトラックもあり、これらの動線は安全という観点からも、駅や商業施設の利用者と交錯しないことが求められる。これを解決するのも、平面計画と呼ばれる一種のデザインだ。

前述の民衆駅を見てみると、その多くは片側が線路やホーム、もう片側がロータリーや道路に沿った長方形の建物となっている。中央を貫く形でコンコースがあり、２つに分けられたブロックのうち片側には出札機能や駅事務室、もう片側には商業施設を配置。商業施設の入口はコンコース側と商業施設ブロックの中央にあり、トラックを横付けできる荷捌き場がブロックの端部にある、というのが一般的だ。こうすることで、それぞれの動線は独立し、人やモノがスムーズに流れるようになっている。ここに敷地の形状や高低差、利用者の数に応じた違いが生じ、それが各駅の個性となってデザインにも表れる。逆に言うと、デザインの力で様々な要素をまとめ上げ、駅を使いやすくしているのである。

○駅の商業施設の発展

国鉄時代に生まれた民衆駅は、その後「駅ビル」や「ステーションデパート」と呼ばれるようになり、大いににぎわった。同時に、国鉄には商業施設運営のノウハウが蓄積され、徐々にブラッシュアップされてゆく。1976（昭和51）年に誕生した「ルミネ」ブランドはJR東日本グループに継承され、現在も多くの人に親しまれている。ただし、商業施設の開発・運営を直接手掛けられるようになったとはいえ、国鉄の本業はあくまでも鉄道事業であり、これらは副業という位置づけである。民業圧迫という観点からも、国鉄の〝多角経営〟は厳しく制限されていた。

ホームに設けられた立ち食いそば店　今はすっかり数を減らした（姫路駅）

潮目が変わったのは、国鉄の分割民営化だ。その詳細について本書では触れないが、発足したＪＲ各社は異業種への本格進出が可能となった。そこで、鉄道事業を将来的に安定して行うため、様々な分野へと積極的に参入。ホテル、不動産開発、レジャー施設、旅行業、金融業など、ありとあらゆるジャンルの会社を抱えた一大企業グループとなってゆくが、その中でも大きなウエイトを占めたのは、やはり商業部門である。

さらに、２０００年代には商業施設の新たな形態として、改札外ではなく改札内に展開された、いわゆる「駅ナカ施設」が誕生。ｋｉｏｓｋや立ち食いソバなど、小規模な店舗はこれまでも改札内やホームにあったが、いくつもの店

現存する民衆駅の一つ、蒲田駅　現在は「グランデュオ」として営業

舗が集まった本格的な商業施設は私鉄を含めてもまだ珍しい存在であり、駅における商業スペースのウエイトが次第に増してゆく。ちなみに、JR東日本における駅ナカブランド「ecute」は、大宮駅と立川駅で進められていた駅ナカ空間の開発に伴って2004（平成16）年に一般公募されたもので、5つのアルファベットがそれぞれeki（駅）／center（まん中）／universal（あらゆる人々）／together（集う）／enjoy（楽しむ）を表している。

ところで、改札内に商業施設を設置する場合、改札外とは全く違った課題解決が必要となる。それは、列車の利用者と商業施設の利用者という、特性が全く異なる2つの人々に対し、どう

床タイルの色やパターンを変えることで通路と商業ゾーンの区分が明確になる

やって快適な空間を提供するか、というものだ。前者は「目当ての列車に乗る」という目的を持って動くため、その歩く速度も比較的早い。対して後者は、ショーケースや陳列された商品を見て回りながら買うものや入る店を決めることが多く、〝ぶらぶら歩く〟という表現がぴったり当てはまる。つまり、移動速度の異なる2つのグループが、ほぼ同じ空間に共存することになるわけで、両者の動線が重なってしまうと大きな混乱が生じてしまう。かといって、駅構内のスペースには限りがあるため、通路幅などのゆとりを過度に設けることもできない。

現在営業している駅ナカ施設を見てみると、こうした課題をうまく解決していることが分かる。たとえば、店舗部分とコンコースの間にガラス製の間仕切りなどを設置し、空間に一体性を持たせつつ利用者の交錯を防ぐといった具合だ。また、床タイルの色や張り方に変化をつけることでエリア分けをしたり、間仕切りの外側に柱を配置して店舗周辺に滞留する人々のスペースを確保したりといった手法も用いられている。いずれも、様々な課題をデザインによって解決しているのだ。

○駅員・乗務員の動線もデザインされている

動線という視点で、もう少し駅を見てみよう。

駅を設計する際、考慮しなければならない動きは、利用者や従業員、商品など先に挙げたものに加えて、もう一つある。それは、駅員や乗務員といった関係者の動きだ。小規模な駅はともかく、その地域の拠点駅ともなれば、数十人、時には百人単位の駅員が働いている。さらに、乗務員の交代が行われる駅には専用の事務所や休憩所などもあり、常に関係者が行き交う。当然ながら、こうした人々の動きは利用者などとは全く異なるため、ここでも動線が重ならないような工夫が必要だ。

ホームにいると、乗務を終えた、あるいはこれから乗務にあたる運転士や車掌が、専用

かつて新大阪駅にあった荷物用エレベーターと専用通路への階段

の通路へと消えていく（通路から出てくる）のを見たことがある人もいるだろう。あの通路の多くはそのまま事務所などに通じていて、利用者の動きを妨げないようになっている。もちろん、通路や階段を設置するためのスペースが必要となるが、その確保も含めてデザイン上の〝腕の見せどころ〟というわけだ。

似たようなものとして、一部の駅には皇族や国家の要人などが使用するための通路が存在する。これらは警備上の理由も大きく、駅舎の外に直接通じていたり、専用の貴賓室につながっていることも多い。また、かつて国鉄では旅客列車に荷物車や郵便車を併結し、ホーム上でその積み込み・荷下ろしが行われていたが、その際に使われていた専用エレベーターが残る駅も

タブレットなどのやり取りがしやすいよう互い違いに配置されたホーム

ある。なかにはかつての大阪駅のように、エレベーターが通じる地上付近に水路が引き込まれ、荷物の積み下ろしを行っていた例もあるが、地形と駅の機能をうまくマッチングさせたグランドデザインといえる。

また、ローカル線の交換駅では中央の渡り通路を挟んで対向式ホームが互い違いに配置され、上り線と下り線の列車が顔を突き合わせるように停車するところが多い。これは、利用者とともに駅員の動線が考慮された結果だ。単線の路線では、列車の安全を確保する仕組みとして、「タブレット」や「スタフ」と呼ばれる通行手形のようなものを持った列車だけが定められた区間を走行できるというものが、かつてはメジャーだった。この場合、交換駅では駅員が上下列車の運転士からタブレットなどを回収し、それぞれ他一方のものを渡すという作業が必要になる。前述のような配置で列車が停まれば、両列車の間を行き来する駅員の移動距離が短くなり、列車もスムーズに出発できるというわけだ。

○テクノロジーと共に進んだ駅業務の省力化

一方、昭和後期以降は合理化などの影響で、駅員の数を減らしたり、全く配置しない駅も徐々に増加した。無人駅自体はそれまでにも少なからず存在していたが、そのほとんどは利用者が少ないローカル線の駅であり、その構造も１本の線路と１本のホームがあるだけという簡易的なもの。駅員がいないことから、駅舎も存在しないか小屋のような待合室がある程度だった。

無人駅の増加は合理化などを狙ったものだが、それを可能としたのが、鉄道に関する様々なシステムの機械化や自動化である。たとえば、駅の主要機能の一つである出札について見てみると、昭和30年代初頭に電動式の自動券売機が登場し、自動化が始まった。ただし、当時の機械は１台につき１種類のきっぷしか販売できず、代金を入れるとあらかじめ印刷されたきっぷが出てくるという仕組みだった。その後、1962（昭和37）年に高見澤電機製作所（現・高見沢サイバネティックス）が複数種類のきっぷを販売できる多能式自動券売機を世界で初めて開発。徐々に出札業務を機械に任せられるようになった。また、1970年代には自動改札機が続々と導入されるようになり、改札業務の自動化も進んでゆく。

さらに、運賃収受を車内で行うシステムの確立も、駅の無人化を後押しした。これには大きく分けて、車掌が車内で乗客にきっぷを販売し降りる駅で回収するスタイルと、車両に運賃箱を設置して降車時に精算するスタイルの2つがある。前者は駅数に比して列車の本数が少ない地方路線などで以前から存在しており、また後者は車掌の乗務が不要となるワンマン運転につながることから、対応する機器の開発とともに普及。乗客は駅ではなく、車内で運賃を支払うという流れが定着していった。

そして、列車を運行する保安システムの〝進化〟も、理由の一つだ。単線の路線では、上下列車が正面衝突するのを防ぐための仕組みが採り入れられているが、鉄道黎明期から戦後しばらくまで、その運用は人が介在するものだった。タブレット閉塞式やスタフ閉塞式、票券閉塞式といった保安システムは、いずれも単線部分の両端にある駅で駅員同士が連絡

久留里線でのタブレット交換の様子　駅員が運転士に直接手渡す

を取り合い、安全を確認した上で列車に出発の許可を出す。つまり、駅員がいることを前提としたシステムであり、いくら出札業務や改札業務が自動化できたところで、駅員をゼロにすることはできない。保安システムの詳細については本書では触れないが、先に挙げた「1本の線路と1本のホームがあるだけの駅」はともかく、上下列車が交換できる駅は、「非自動閉塞方式」と呼ばれるこれらの保安システムである限り、無人化が不可能だった。

だが、人の手を必要としない「自動閉塞方式」の改良が進み、安価なシステムが開発されると、ローカル線への導入が一気に加速。自動化によって交換駅への要員配置が不要となり、無人化が進んだ。

このように、技術の発達によって駅本来の様々な役割が自動化され、出札業務や改札業務、あるいは安全運行に携わる駅員が不要となったことで、駅は姿を変えることになる。

○無人駅のデザインに込められた工夫

有人駅が無人駅になるということはすなわち、駅が持つ3つの主要機能のうち2つ、出札機能と改札機能がほとんど不要になるということだ。そしてその場合、従前の駅舎には待合スペースだけがあればよくなる。多くの無人駅では、使わなくなった出札や改札などの業務用スペースが、今もそのまま〝空き部屋〟として残されているが、ここを店舗として貸し出したり、観光案内所に活用したりするケースも見られる。もともと、ほとんどの駅は駅舎のすぐ前まで車が進入できる造りとなっているなど、人を呼び込みやすい配置とされているため、こうした用途への転用も容易だ。もちろん、これら施設の利用者や従業員が出入りすることによる駅の治安維持や美化、あるいは賃料収入が期待できるといったプラスの効果もある。

一方、老朽化に伴って待合機能だけのシンプルな駅舎に建て替えられるケースも多い。

紀勢本線の和佐駅は、２０１６（平成28）年にそれまでの木造駅舎からコルゲートパイプを使った簡素な駅舎へと建て替えられた。コルゲートパイプとは、地中の用水路や水槽などに使われる筒状の建築資材で、雨風などへの耐久性が高い。これをそのまま駅舎に使うことで、設置やメンテナンスのコストを抑えられるという利点がある。見た目は〝横倒しになった巨大なドラム缶〟といった印象で、お世辞にも良いとは言えないが、雨がしのげて簡易的なベンチもあるという点では、駅舎として一定の役割を果たしている。せめて扉があれば……とも思うが、比較的温暖な場所にあるため、必要ないと判断されたのかもしれない。

和佐駅は駅舎のみを建て替えた例だが、これを機に駅の在り方そのものが考え直された例もある。富山地方鉄道富山港線の岩瀬浜駅もその一つだ。同駅の駅舎は国有だった１９４６（昭和21）年に建てられた木造のものが長らく使われてきたが、同線の運営がJR西日本から富山ライトレールへと移された２００６（平成18）年に解体。ホームの屋根と簡易な待合室だけとなった。と、これだけ聞けば大幅なサービスレベルの低下と思いがちだが、実際はそうではない。駅舎をなくすことで駅前にスペースをつくり、路線バスがホームのすぐ横まで進入できるようにしたのだ。バスのダイヤも列車とうまく接続するよ

路面電車のホームとバス乗り場が一体化した例（岩瀬浜駅）

うに設定されているので、利用者は数歩歩くだけで列車とバスを乗り継げる。

富山地方鉄道といえばもう一つ、２０１５（平成27）年に新設された富山港線と富山軌道線の富山駅停留場も忘れてはならない。両線は、地平にあったＪＲ富山駅に遮られる形で分断されていたが、同駅の高架化を機に接続されることとなり、合わせて同駅の高架下に停留場が設けられた。路面電車が新幹線駅の下に設置されるというのもさることながら、特筆すべきはその位置関係で、新幹線の改札口を出てまっすぐ進むと、市内中心部へ向かう路面電車の乗り場へたどり着くように配置されている。もちろん、建物内なので雨風や雪の心配もなく、この上ない環境だ。路線バスやタクシーが発着するロー

富山駅の新幹線中央改札口　奥に富山地方鉄道の路面電車が見える

タリーは改札口を出た左右にあるので、その利用者と動線がぶつかることもない。

岩瀬浜駅と富山駅停留場の双方とも、利用者の利便性や混雑回避などをデザインによって解決し、鉄道の利用につなげた好例といえる。同時に、路面電車の接続によって「富山市民100年の夢」とも言われた南北市街地の一体化が完了。「公共交通によって人々の交流がスムーズかつ活発となった。富山地方鉄道の路面電車については、他にも街の活性化に様々な役割を果たしているのだが、それは後で述べることとする。

○乗りやすく、乗り継ぎやすく

　ここまで述べた例に限らず、「列車に乗りやすくする」「乗り継ぎを便利にする」というのは、駅をデザインする上で重要な課題だ。なるべく動線を短く、分かりやすくすることで乗客の負担が少なくなり、鉄道の利用につながる。和佐駅の例も、駅舎のコンパクト化によって送り迎えの車に乗りやすくなったという側面がある。また、「嵐電」こと京福電気鉄道の北野白梅町駅は、老朽化した駅舎を建て替えるに当たって2線あるホームを1線とし、空いたスペースにバス乗り場を設置。これに合わせて京都市バスも一部路線の経路を変更し、利便性の向上につなげた。

　さらに、2022（令和4）年9月に開業した西九州新幹線でも、列車の乗り継ぎをスムーズにするデザインが採用された。西九州新幹線は、博多と長崎を結ぶ「九州新幹線西九州ルート」の一部であり、武雄温泉〜長崎間が暫定開業したものの、残る博多〜武雄温泉間は開業の見通しがついていない。新幹線が開業する前は在来線の特急「かもめ」が約2時間で直通しており、現在は約1時間30分に短縮された一方、在来線と新幹線は線路幅が異なるため、武雄温泉駅で乗り継ぎが必要となった。

武雄温泉駅　新幹線（右）と在来線（左）が同一ホームで乗り継げる

そこで、武雄温泉駅は在来線と新幹線のホームが同じ高さで並べられ、在来線特急「リレーかもめ」と新幹線「かもめ」が同一ホームに向かい合って停車。階段を上り下りすることなく乗り継ぎできるようにされた。この方法は、かつて九州新幹線鹿児島ルートが新八代～鹿児島中央間で先行開業した際、新八代駅で乗り継ぎが必要となった際に考えられたものである。ＪＲ九州にとっては、乗り継ぎが必要になる点は高速バスに対抗するうえで大きなウイークポイントとなるため、こうすることで身体的・心理的ハードルを低くする工夫がなされているのだ。

駅のデザインを工夫することで、乗り継ぎをなるべくスムーズにする例は、東京の新木場駅でも見られる。同駅はＪＲ東日本京葉線と東京臨海高速鉄道りんかい線、東京メトロ有楽町線の3路線が接続しており、4階に京葉線、2階にりんかい線と有楽町線のホームがある。3路線は運賃計算上の問題から改札口を共用とすることができないものの、改札口を3階の隣接した位置にまとめ、それぞれの乗り継ぎ動線をできるだけ短くすることで、利便を図っている。京葉線やりんかい線は現在、羽田空港アクセス線計画などに関連した直通運転構想などがあり、また運営主体の変更や運賃収受技術の発達などで改札口の統一が可能となる日が来るかもしれないが、それまでは3つの改札口を人々が行き交う光景が続くだろう。

このほか、東京ディズニーリゾートの玄関口である京葉線舞浜駅は、上り（東京方面）の案内表示をピンク色、下り（蘇我方面）の案内表示を水色で統一し、駅に不慣れな来園者でもひと目で分かるようにしている。こうした色分けによる案内は、ラインカラーを使った乗り換え案内などで見られるが、直感的に分かるため非常に有効だ。

○路線のイメージを変える大作戦

２０１６（平成28）年、大阪環状線の駅に張り出されたポスターが、注目を集めた。大

阪環状線のイメージカラーにちなんで「オレンジ白書」と名付けられたこれらのポスターには、

「京橋駅：乗降者数は上から3番目なのに、使い心地の満足度は下から2番目でした」

「桃谷駅：トイレの満足度は最下位。行きたくない＝行けない、そんなトイレが問題でした」

「天王寺駅：駅係員の評価はまあまあ。駅の設備の評価はまだまだ。」

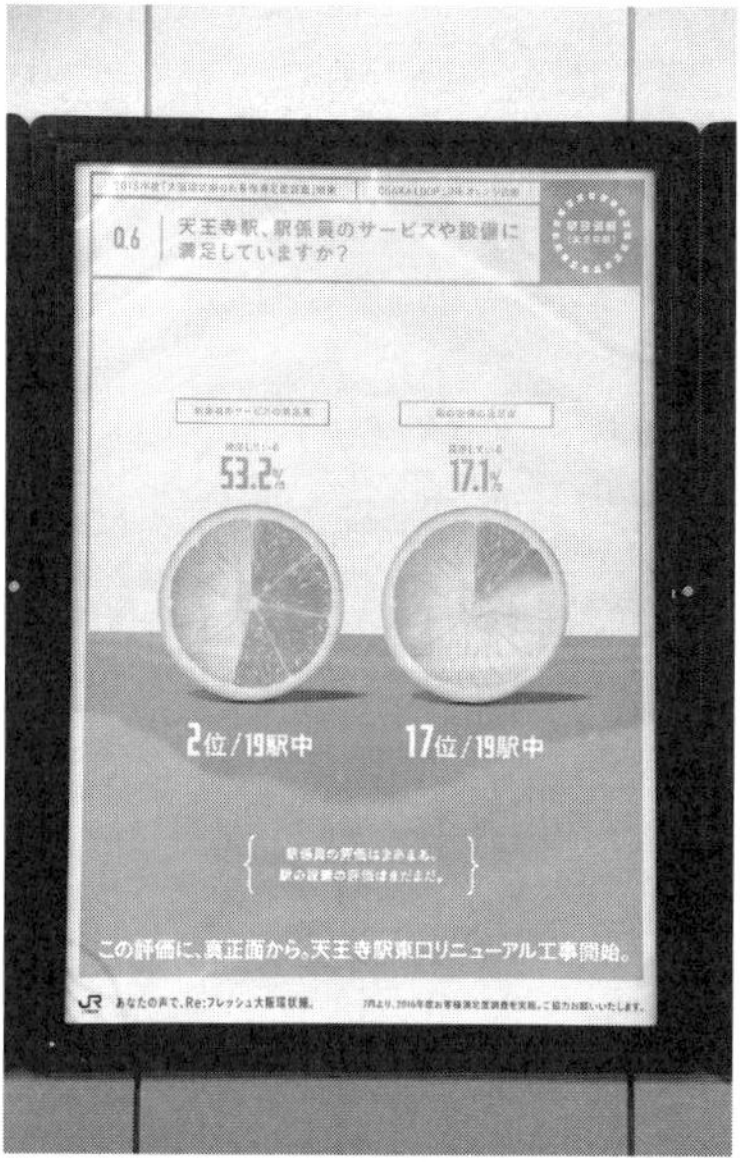

オレンジをあしらいつつ様々なメッセージを盛り込んだ「オレンジ白書」

「大阪環状線：先進的じゃない。かっこよくない。勢いがない。つまりイメージ的にイケてない。」

……などと、なかなか辛辣な言葉が並べられている。ポップなデザインとストレートな表現がなされ、「JR西日本らしからぬ取り組みだ」とメディアなどで取り上げられたので、記憶に残っている読者もいるだろう。

これらのポスターは、もちろん自虐だけを目的としたものではない。事の発端は、2013（平成25）年にスタートした「大阪環状線改造プロジェクト」（以下「環状線PJ」）である。

大阪市内をぐるっと周回する大阪環状線は、JR西日本を代表する路線の一つであるにもかかわらず、長らく車両や駅の更新が進んでいなかった。そこで、同線のイメージアップを目的として進められたのが、環状線PJだ。基本コンセプトは、利用者が持つ「車両が古い」「駅が汚い」といったマイナスイメージをゼロに戻すための「基本価値の向上」と、駅構内や高架下の開発・リニューアルなどによる「新しい価値の創出」の2つ。さらに、他事業者などとの連携によって、大阪環状線を「行ってみたい」「乗ってみたい」路線にするのが狙いである。

環状線PJの取り組みは多岐に渡るが、なかでも大きなウエイトを占めたのが駅に関するものだ。オレンジ白書の基となった「お客様満足度調査」でも、関心がある施策として1位が「安全・快適な駅空間づくり」、2位が「新型車両の開発」、3位が「駅周辺の美化・環境改善」と、駅に関するものが上位を占めており、いかに利用者が駅の改良を望んでいたかが

森ノ宮駅の外回りホームに設けられた「城見エリア」

分かる。そこで、まず初めに森ノ宮駅がモデル駅に設定され、明るい印象や分かりやすい案内を実現するためにはどんなデザインが最適なのか、様々な検討が重ねられた。

リニューアル後の森ノ宮駅を見てみると、駅舎の外壁や床が「森」をイメージしたものとなったほか、駅名標や出口などを示す看板もカラーリングが変更された。これらの看板は、従来はバラバラに設置されていたものを「インフォメーションボード」として集約。新デザインの案内サインは他駅にも展開され、大阪環状線の統一イメージを創り出す一方、ボードの余白部分には駅ごとのイラストを取り入れて個性を演出している。

さらに、デザインの検討は見た目だけにとど

103系をモチーフにした商業施設「ビエラ玉造」

まらなかった。すぐ近くに大阪城や公園といったレジャースポットがあり、通勤通学に加えて行楽客の利用も多い森ノ宮駅ならではの取り組みとして、大阪城が眺められる「城見エリア」や「コミュニケーションスペース」がホーム上に設置されている。駅に新たな役割を与えることで、単なる通過点から〝利用者がとどまる空間〟とし、魅力向上につなげようという考えだ。実際、ここから大阪城や行き交う列車を眺める親子連れも見られ、その思いは利用者に伝わったと言えるだろう。

　大阪環状線では他にも、地域の風土や歴史をデザインに取り入れた駅がいくつか誕生。さらに、２０１４（平成26）年にオープンした玉造駅近くの複合施設「ビエラ玉造」は、同線のシンボルとして長らく親しまれたオレンジ色の103系電車をモチーフとしたデザインが採用され、同系が引退した後もその姿を伝えている。また、駅リニューアルに先駆けて、同年から翌2015年にかけて全駅で発車メロディが導入された。こうした取り組みは全国で見られるが、一つの路線で集中的に展開されることは珍しく、大阪環状線のブランド化につながっている。

○進化する駅のトイレ

ところで、駅のデザインで近年目覚ましい変化を遂げているのは、トイレではなかろうか。一昔前までは、駅のトイレといえば「汚い・臭い・暗い」というイメージが付きまとっていた。鼻にツンとくる消毒液や洗剤の臭い、微妙に濡れた床のモザイクタイル、ざらついた水洗レバー……男の筆者でさえ、できれば使いたくないものだった。女性は言わずもがなである。

だが、近年は「ここがトイレ？」と思うほど、美しく快適なトイレが増えた。そして、この分野で一時期注目を集めたのが、現在は民営化により大阪市高速電気軌道（Ｏｓａｋａ

Metro、以下「大阪メトロ」）となった、大阪市交通局の取り組みだ。

つい10年前まで、同局の駅トイレもまた、お世辞にも綺麗といえる状態ではなかった。むしろ、公営交通は「最低限の機能が満たされていれば十分、過剰な設備は必要ない」という考えに陥りがちであり、トイレについても「用を足すために必要な最低限の設備」にとどまっていた、と言ってもよい。利用者からの評価も推して知るべし、トイレに関する苦情が月に10件ほど寄せられていたという。

当時、大阪市交通局は民営化を視野に入れた経営改革が検討されており、なかでもサービスレベルの向上を含む利用者からのイメージアップは急務となっていた。そこで目玉として、今里筋線とニュートラムを除いた全112駅で、トイレの徹底したリニューアルを行うことにしたのである。

この取り組みでは、「ホスピタリティコミュニケーション」という統一コンセプトの下、各トイレの利用状況やスペースの広さに応じて、小規模改修の「リモデル」、または大規模改修の「リノベーション」を実施。いずれも木目調の外壁に大きなピクトサインを配し、遠くからでもトイレの場所が分かるようにした。内部も照明の明るさや色、配置などが細かく検討され、和式便器の洋式化やオストメイトの設置なども行われた。メイク道具が置

遠くからでも一目で男性用・女性用が分かるOsaka Metroのトイレデザイン

「日本トイレ大賞」に選ばれた新大阪駅のトイレ　観葉植物が配されている

ける棚や、化粧直しに便利な照明や鏡は、女性職員の発想によるものだという。

「リノベーション」では、これに加えて駅構内の余剰スペースを活用し、トイレの拡大やレイアウト変更が行われた。多機能トイレだけでなく男女別トイレの一部も車いすに対応させたり、大きな荷物を持った利用者が多い駅では各ブースの大きさを広げたりといった、これまで以上の改良がなされている。なかでも、新大阪駅は男女合わせて約130平方メートルもの広さが確保され、男女ともにフィッティングスペースを設けたほか、観葉植物を随所に配置。駅のトイレに対するこれまでのイメージからは想像もつかないような、リフレッシュ空間へと生まれ変わった。

〝人から避けられていた空間〟を、デザイン上のアプローチと技術革新で〝人がくつろげる空間〟へと変貌させた大阪市交通局のトイレリニューアル。その意欲的な取り組みは、利用者からはもちろんのこと、日本トイレ大賞の国土交通大臣賞を受賞するなど、各方面から評価されている。

ちなみに、駅トイレに対するイメージが近年大きく向上した原因の一つとして、清掃に対する考え方の変化も挙げられる。というのも、少し前までは「汚れを洗い流す」というのが基本だったのが、最近は「汚れをふき取る」という考えに変わりつつあるのだ。これに呼応して、掃除のやり方も便器や床に水をかけてブラシでこするスタイルから、雑巾やモップを用いる形に。床や壁の材質も、水に強く濡れても滑らない材質から、抗菌タイルなどのつるつるしてふき取りやすいものへと変化した。同時に、乾いた状態の床が清潔感を与え、また照明が反射することで明るい雰囲気を生み出している。

○駅名標から見る考え方の違い

駅にまつわるデザインの最後として、駅名標についても少し触れたい。

駅名標のデザインというのは、観光地などにある一部のものを除いて、鉄道会社ごとに統一されているケースがほとんどである。かつて国鉄が使っていた駅名標は白地に黒字という色使いで、「スミ丸ゴシック体」と呼ばれる角のとれたフォントが使われ、ひらがなが最も大きく書かれていた。だがＪＲ発足後は、各社がそれぞれのコーポレートカラーを配するなど独自のデザインを制定し、徐々に置き換えてゆく。文字の配置やフォントも各社まちまちとなり、今となっては共通点を見付ける方が難しい。

駅名標のデザインにも各社の個性やデザインポリシーが見え隠れする

ここで興味深いのは、駅名標に表れた「鉄道会社のデザインに対する考え方」だ。駅名標というのは、利用者にここが何駅なのか、あるいは隣が何駅なのかをひと目で伝えるためのものであるから、おそらく各社とも「いかに駅名が分かりやすく見えるか」という点に重きを置いているに違いない。にもかかわらず、ＪＲのうち北海道・東海・九州の３社と、残る東日本・西日本・四国の３社では、明確な違いがあるのだ。それは、「一番大きな表記が、ひらがななのか漢字なのか」である。

振り返れば、戦前はほとんどの鉄道会社が、ひらがな表記をメインとしていた。これは、字の形がシンプルで見やすいというのに加えて、当時はまだ漢字を読み書きできない人が一定数いたというのもあるだろう。戦後しばらくして識字率が向上するにつれ、より少ない文字数で表記でき、パッと目に入りやすい漢字をメインとする会社が増えてゆく。一方、近年はバリアフリーという観点、すなわち大人だけではなく子どもや外国人にも読みやすいことから、ひらがな表記の重要性も再認識されている。

では、一体どちらの方がより適しているのか。これは永遠のテーマといえる。だからこそ、現在も〝ひらがな派〟と〝漢字派〟がせめぎ合い、さらには多様なフォントが採用されている。また、近年は英語（ローマ字）に加えて他言語を併記したり、路線カラーや駅番号を表記する会社も増えており、これらをいかに見やすく・分かりやすく配置するかが、デザイン担当者の腕の見せどころだ。

ただ、なかにはデザイン性を重視するあまり、文字が小さかったり見えづらい色使いだったりする駅名標も、時折見かける。「駅名を伝える」という本来の趣旨からすれば、これらはいくら見栄えが良くても、駅名標としては落第であろう。

時代が進むにつれて、駅に求められる機能も徐々に変化してきた。その要求を満たすべく、改札口やホーム、駅名標など、駅の至るところでデザイン上の工夫が凝らされている。「ここはどうしてこんなデザインになっているのだろうか」という視点で駅を見てみると、これまでとは違った気付きを得られるかもしれない。

第3章

なぜ京急の車両は再び赤くなったのか

鉄道会社にとって、鉄道車両は乗客を運ぶ〝商売道具〟であるとともに、自社の存在を世間にＰＲする〝広告塔〟でもある、というのは第１章でも述べた。利用者のみならず多くの人々にとって、車両の色や形といったデザインはその会社のイメージを作り上げる重要なファクターである。そして、そのイメージは時として会社全体の方針をも左右する。

ここでは、鉄道会社がブランド戦略にデザインをどう活用しているかを見てみよう。

○カラーリングによる印象づけ

皆さんは、「ドクターイエロー」をご存じだろうか。いや、おそらく本書を手にした方のほとんどは、その姿を実際に見たことはなくとも、映像や写真を目にしたり、あるいは少なくともその名前を耳にしたことはあるだろう。

ドクターイエローは正式名称を「新幹線電気軌道総合試験車」といい、線路や架線などの状態を走行しながら検査・測定する車両である。もともとは東海道新幹線の開業後間もなく登場した初代の総合試験車が、夜間でも目立ち、また旅客車両でないことがひと目で分かるよう、他の保守作業車と同じ黄色に塗られたのが始まりだ。その色と役割から、い

「ドクターイエロー」の愛称を持つ923形新幹線電気軌道総合試験車

つしかドクターイエローという愛称が付けられ、いまや子どもから大人までその名を知る存在となった。

全国には、ドクターイエローと同じ役割を持つ検測車両が他にもあり、そのなかには愛称を持つものもいくつかある。例えば、ＪＲ東日本の新幹線総合検測車は「Ｅａｓｔ－ｉ」、東急電鉄の検測車両は「ＴＯＱ　ｉ」、小田急の検測車両は「ＴＥＣＨＮＯ－ＩＮＳＰＥＣＴＯＲ」といった具合だ。だが、これらの愛称はドクターイエローに比べると認知度がまだまだ低く、鉄道ファン以外がその愛称を聞いて所属会社や役割を答えるのはなかなか難しい。子どもに「この電車は何？」と聞かれ、「ドクターイエローみたいな電車だよ」と答える親を見たことさえある。そ

マルーン色に統一された阪急電鉄の車両　前面デザインにも共通点が見られる

の鉄道会社の社員が聞いたらモヤモヤしそうなやりとりだが、いかにドクターイエローという名前が認知されているかの証左でもあろう。

一方、車体の色が鉄道会社全体のアイコンとして働くことも多々ある。代表例といえるのが、阪急電鉄だ。京阪神に路線を伸ばし、開業以来110年以上の歴史を持つ阪急は、創業時から現在に至るまで、一貫して車体にマルーン色を採用し続けている。「阪急＝マルーン色」という図式は、もはや関西のみならず全国の鉄道ファンに浸透しており、他の鉄道会社でマルーン一色の車両が登場すると「阪急電車が○○鉄道に進出した！」と冗談めかして言われることまである。

ちなみに、昭和初期までの日本の鉄道を振り返ると、石炭の煤で汚れる蒸気機関車や客車は濃色に塗られるのが一般的だった。電車や気動車も、濃緑色や濃茶色、紺色といった汚れの目立ちにくい濃色系が一般的であり、マルーン色もその一つ。つまり、〝マルーン色の電車〟は阪急だけ、というわけではなかった。だが、次第に灰色やクリーム色など明るめの色を取り入れる鉄道会社が増加。1950（昭和25）年に登場した国鉄80系電車は、濃い緑色とオレンジ色を組み合わせた、当時としては斬新な塗装で大きな話題となった。この車両はまず東京から湘南・静岡エリアに向かう列車で運用されたことから「湘南電車」と呼ばれ、また色合いが当該地域の特産であるミカンの実と葉の色に似ていたため、このカラーリングは「湘南色」として現在に至るまで親しまれている。私鉄各社でも続々と鮮やかなカラーリングの車両が登場する一方で、伝統やイメージを重んじて従来の塗装を堅持した会社もいくつかあり、阪急もその一つだったというわけだ。

ただし、阪急もマルーン色とは異なる車体色を採用しようとしたことが、これまで何度かある。たとえば、1954（昭和29）年に登場した初代1000系は設計段階で窓周りを白くする案があり、また1989（昭和64／平成元）年にデビューした8000系と8300系は、車体を無塗装のステンレス製とする検討がなされた。1992（平成4）

阪急の塗装仕上げ見本　徹底したこだわりがブランドの醸成につながっている

年に現在のコーポレートマークが制定された際にも、当時の経営トップから車両の塗装変更について検討するようにとの指示があったという。だが、その結論はいずれもノーだった。阪急は、これまで培ってきたイメージを刷新するよりも、守り抜くことを選んだのである。結果として、現在に至るまで阪急の車両はマルーン色を堅持している。

もっとも、これまでにマルーン色でない阪急電車が走った例は、いくつかある。1950（昭和25）年に阪急西宮球場で「アメリカ博覧会」が開催された際には、そのPRとしてクリームとブルーに塗り分けた車両が登場した。また、もともと京阪の子会社である新京阪鉄道が運営していた京都線系統では、マルーン色ではない

「アメリカ博覧会」開催時に見られた、マルーン色ではない阪急電車（模型）

塗装が何種類か採用されており、１９５０年には特急列車用として窓周りをオレンジ色とした車両も登場している。１９９０年代には、雲母の粒子を混ぜてパールカラーのようなキラキラ感を出したマルーン色の塗料が一部の車両で試用されたが、定着することはなかった。その理由は明らかとなっていないが、利用者などから「この色は阪急電車の色ではない」という意見が少なからず寄せられたという話も聞く。それほどまでに、「阪急＝マルーン」という図式は強固なのだ。

○京急＝赤い電車

似たような例が、首都圏にもある。東京と神奈川に路線を持つ、京浜急行電鉄（以下「京急」）がそれだ。同社の車両は開業以来、赤系のカラーリングが定番であり（もっとも、色合いは時代と共に変化しており、現在は初期のものよりかなり鮮やかである）、「赤い電車＝京急」というのは首都圏で揺らぐことのない認識といえる。余談だが、車体色に赤を採用する鉄道会社としては他に名古屋鉄道（名鉄）が有名だが、こちらは１９６１（昭和36）年にデビューした７０００系パノラマカーが最初であり、それ以前は全く違う色だった。

戦後の一時期、窓周りを黄色としたツートンカラーの時期があったものの、赤色をベースとする流れは変わらず、やがて「赤色に白帯」というカラーリングが定着。１９７８（昭和53）年に登場した８００形以降は、多くの形式で白色の部分が窓周り全体に拡大されているが、やはり京急といえば赤、というイメージが強い。

流れが変わったのは、２００２（平成14）年に登場した新１０００形である。同形は当初、アルミ製の車体とされ、赤色をベースに窓周りが白色という伝統の塗り分けを受け継いだ。だが、２００７（平成19）年からは車体を無塗装のステンレス製に変更。軽量化に加えて塗装の手間を省き、また環境負荷を減らすことが図られた。窓の上下には赤色と白色のフィルムが貼られ、すでに首都圏の鉄道車両で一般的だった「銀色の車体に路線カラーの帯」

デビュー当初はステンレス無塗装の車体だった京急新1000形

2017年度以降の増備車両は全面塗装が施され「赤い電車」が復活した

という デザインよりは赤色のイメージを強く残してはいたものの、「京急が赤色ではなくなった」という声も多かった。

そして、こうした声がやがて京急の姿勢を変えてゆく。「京急伝統の赤い車体デザインを、再び取り入れたい」という意見は社員からも強く、２０１５（平成27）年からはフルラッピングという形で〃赤い電車〃が復活した。さらに、２０１７（平成29）年以降はステンレス車体に全面塗装を行うことで、ラッピングでは難しかった窓枠部分なども赤色とした。ステンレス車体に塗装を施すという例は極めて珍しく、全国的にも過去を含めて数えるほどしかない。

京急がなぜ、そこまでして〃赤い電車〃にこだわったのか。理由は言わずとももうお分かりだろう。〃赤い電車〃というアイデンティティは、利用者や沿線住民のみならず、京急自身にとっても大きく、また時が経っても変わらないものだったといえる。

○なぜ鉄道車両に塗装が必要だったのか

ところで、鉄道車両はそもそも、なぜ色がついているのだろうか。

もともと塗装というのは、その対象物の表面を保護するためのものである。鉄道車両の外板は、大正末期までは木、その後は長らく鉄というのが一般的だったが、雨風にさらされるとこれらの素材は腐食・劣化する。塗装を行うことで素材が水や空気と触れず、長持ちするというわけだ。

これに対し、ステンレスは錆びない。厳密にいうと、ステンレスは表面にごく薄い酸化被膜（錆の一種）が形成され、これが更なる錆の発生を食い止める働きをしているのだが、詳細については割愛する。ともかく、錆びないということは表面を保護する必要がなく、従って塗装も不要である。そして、塗装が不要ということは、その手間だけでなく、人件費や塗料、塗装設備などの費用も不要となる。また、多くの塗料に含まれる有機溶剤は自然環境や人体に悪影響を与えるため、適切な処理が求められるが、そうした手間や設備とも無縁だ。さらに、塗料を塗るとその分の重量が車体に加わるわけで、走行時のエネルギー消費も増える。車体のステンレス化は素材自体の軽量化だけでなく、塗料の重みも関係してくる。つまり、ステンレス化はメリットが非常に多い。

では、塗装を省略することによるマイナス点は何かというと、ずばりデザイン上の問題である。鉄道車両は「中に人やモノを乗せて運ぶ」という特性上、先頭部の形状はともかくとして、造形的には細長い直方体から手を加える余地がほとんどない。特に側面は、その車両の用途によってドアや窓の配置が似通ってくる。そのうえ無塗装ステンレス車体ということになれば、個性を発揮できるところは窓の上下に配された帯の色など、ごく一部に限られる。さらに近年は新造車両を導入するにあたり、一から設計を行うのではなく車両メーカーが設計した標準車体を採用する例も増えた。こうなると「似ている」どころか「同じ」であり、ラッピング（現在は帯もラッピングフィルムを使ったものが一般的である）くらいしかデザイン上の工夫の余地はなくなる。

ただし、このマイナス点は一概に〝回避すべきもの〟ではない。日本で活躍する無塗装ステンレス車両を見渡すと、そのほとんどが通勤通学や日常の移動で使われる一般型車両である。これらは、多くの乗客を運ぶという効率性、導入費用や運用コストを抑えるという経済性、メンテナンスの容易さなどが重視されるが、その点においてステンレス車体はアドバンテージが大きい。デザイン性を重視するよりも、標準設計によって製造コストを下げられる方が、車両の置き換えがより早く進み、利用者にとってもプラスに働く。

○特急列車に色がついている理由

こうして、無塗装ステンレス車体の通勤車両を導入する鉄道会社が増える一方で、特急用車両の多くは今も車体が塗装されている。例えば、ＪＲ西日本が民営化後に導入した在来線定期特急列車用の車両10形式のうち、無塗装ステンレス車体を持つのは気動車の２形式のみ。ＪＲ東日本は12形式全てが車体を塗装している。ＪＲ北海道・ＪＲ東海・ＪＲ四国の３社は特急列車も全てステンレス車体であり、ＪＲ九州も一時期ステンレス車体を採用していたが、最も新しい８８５系は塗装されている。私鉄を見ても、有料特急で使用される車両はほとんどが塗装車体。一般型車両とは対照的だ。

なぜ、特急用車両には色がついているのか。最も大きな理由は、ブランディングだ。特急列車はその鉄道会社にとって〝顔〟であり、パンフレットや広告媒体、あるいはテレビや雑誌などメディアで取り上げられることも多い。会社全体のイメージに直結する存在の車両には、その列車が走るエリアやデザインコンセプトに合ったカラーリングを取り入れたい……そう考えた結果といえる。もちろん、コンセプトに合致する外観として、あえてステンレス無塗装の車体を取り入れているケースもあるし、西武００１系「Ｌａｖｉｅｗ」

アルミ車体に塗装を施した例（N700S）

のようにシルバーのメタリック塗装を施した例もある。

いずれにせよ、車両のデザインは列車のイメージを決定づけ、会社のブランディングにも大きな影響を及ぼすことになる。最も顕著な例は、新幹線だろう。第1章でも述べたが、エメラルドグリーンと白色に塗り分けられたE5系（またはそのJR北海道バージョンであるH5系）は「はやぶさ」以外に「やまびこ」「なすの」としても運行されているにもかかわらず、鉄道が好きな子どももやそれほど詳しくない大人にとって、E5系は「はやぶさ」であり、同様に赤と白の新幹線は「こまち」なのだ。さらに、前述の阪急や京急は、車両の色がブランドアイコンにまで昇華した例といえるだろう。

ちなみに、今も塗装されている車両のうち、新幹線を含む特急車両のほとんどは、車体が鉄ではなくアルミニウム合金でできている。アルミニウムは鉄道車両の素材として数々のメリットを持つのだが、そのなかに「鉄はもちろんステンレスと比べても軽量である」「鉄ほどではないが、ステンレスよりは加工しやすい」というものがある。これらの特性を総合的に勘案した結果、高速で走行するがゆえに軽量化が重要であり、またデザイン性が求められる特急車両で多く採用されるようになった。一方で、アルミニウムは「ステンレスと同様、腐食に強い」「汚れがつきやすい」という特性もある。本来、アルミニウム車体は塗装の必要がなく、実際に初期の車両は無塗装で登場しているのだが、ブレーキやパンタグラフから発生する鉄粉などが付着しやすく、またその鉄粉が錆びて見た目に影響を及ぼすことから、しだいに塗装されるようになった。

○塗装全盛時代のカラーリング

先に述べたように、鉄道車両がカラフルになったのは、戦後しばらくしてからである。国鉄80系電車で湘南色が登場したのと同じ頃、横須賀線では既存車両に、「横須賀色（スカ

大阪環状線の103系　車体の色がそのままブランドとして定着した好例だ

色）」と呼ばれる青色とクリーム色の塗り分けを採用。湘南色、横須賀色とも、後に他形式や他線区にも普及していった。さらに、昭和30年代には通勤型車両のモハ90形（後の１０１系）がオレンジ色で、特急型車両のモハ20系（後の１５１系）がクリーム色と赤色で登場。前者は投入線区に応じてカナリヤ色（黄色）やウグイス色（黄緑色）などにも塗られた一方、後者は線区や列車に関わらず同一塗装とされ、後に「国鉄特急色」として１８１系や４８１系などにも受け継がれている。全国的に見ると、１０１系やその弟分である１０３系のように「投入線区によって色が異なる」という事例はイレギュラーで、どちらかといえば「〇〇系はこの色」というパターンの方が多く見受けられた。

一方、私鉄に目を向けると、多くの大手私鉄で車体が〝色づき始めた〟のもやはりこの頃である。私鉄は一般車両と有料特急用車両で塗装が違うというのが一般的であり、例えば小田急では第1章でも触れた3000形ロマンスカー「ＳＥ」が、グレーとバーミリオンオレンジを基調とした塗装で1957（昭和32）年に登場。翌年には近畿日本鉄道（近鉄）で、日本初の二階建て特急電車となる10000系が、紺色とオレンジ色を組み合わせた塗装でデビューした。小田急、近鉄の双方とも、このカラーリングは後継車種でも見られ、半世紀以上にわたって親しまれることとなる。また、一般車両は新型車両がイメージチェンジをねらって新塗装を採用し、そのカラーリングが既存車両にも展開されるというパターンが多かった。戦前生まれの武骨な車両が、最新鋭の車両と同じカラフルな塗装に変更される例も多発。まるで「年寄りの若作り」だといわれることもあったようだが、カラーリングの統一によって「小田急は白地に青帯、京王は白地に赤帯」などという私鉄各社のイメージが作り上げられていった。

このように、国鉄は多くの路線が走る大都市圏を除いて形式ごとにカラーリングが統一され、大手私鉄は一般車両と有料特急用車両で大別されるという流れがしばらく続いた。次に変化が訪れたのは、昭和50年代から平成初期にかけてのこと。莫大な赤字を抱えた国

第三セクター鉄道は趣向を凝らしたデザインの車両が多い（明知鉄道アケチ10形）

鉄はやがて分割民営化されるが、地域密着型サービスへと舵を切るにあたって、各路線で独自のカラーリングを取り入れ始めたのである。当時、全国の非電化ローカル線で活躍していたキハ40系やキハ20系、急行用車両のキハ58系などは、いずれも全国レベルでカラーリングが統一されていた（多少の例外はあった）が、この頃から路線ごとにその沿線や風土にちなんだ塗装が採用されていった。色合いだけでなく、その塗り分けパターンも様々で、まるで車両側面をキャンバスに見立てて絵を描いたような、鉄道車両としては斬新なものもいくつか登場。「○○線色」という通称と合わせて多くの鉄道ファンから親しまれ、同時にその地域の利用者にも「この色の車両はここだけのもの」という気持ちが生まれていった。ＪＲの赤字路線を受け継いだ第三セクター鉄道が、各社ともオリジナリティあふれるデザインを採用した背景にも、いわゆる〝マイレール意識――おらが街の鉄道を守る――〟に期待したという側面がある。

○塗装の簡略化で手間と経費を削減

濃茶色や濃緑色などの濃色系ばかりだった時代から、形式ごとのカラーリング、そして地域それぞれの独自塗装へと、鉄道車両はどんどんカラフルになっていった。だが一方で、塗装が不要となるステンレス車両が徐々に増えたり、経費削減が求められるようになったりすると、塗装にかかる費用や手間が問題視されはじめた。例えば、車体を２色で塗り分ける場合、まず１色目を塗った後でその部分をマスキング（他の塗料が付着しないよう覆うこと）し、続いて２色目を塗るという手順になる。作業の手間が倍以上になるだけでなく、１色目の塗装が乾くまでの時間も必要であり、これはつまり、車両の修繕に要する日数＝車両を営業に使用できない日数が増えることになる。３色以上になれば手間は掛け算され、また複雑なデザインの場合はマスキングや塗装の手間が上乗せされる。さらに、塗装を行

デビュー当時の117系電車はクリーム色に濃茶色の帯を巻いていた

エリアごとに単色塗装で統一された後の117系

う作業員の確保も課題となった。

そこで、いくつかの鉄道会社では塗装作業の簡略化――塗り分けを少なくする、車種や路線によらずカラーリングを統一する――が進められた。やってくる列車が全て、デビュー当時のカラーリングではなく単色に統一されているというのは、味気ない気がする反面、手間やコストをカットすることで地方の鉄道路線が維持されると考えれば、致し方ないことなのかもしれない。

○カラーリングの統一で叶えた鉄道会社のブランディング

カラーリングの統一は、阪急や京急の例が示すとおり、鉄道会社のブランディングにもつながる。「坊っちゃん列車」で知られる愛媛県の伊予鉄道は、２０１５（平成27）年にスタートした「ＩＹＯＴＥＴＳＵチャレンジ　プロジェクト」の一環として、新たなロゴマークを制定すると共に、カラーリングを〝愛媛らしい〟オレンジ一色とした。旧来のツートンカラーで使われていた色よりも濃く鮮やかで、街中でもよく映える。さらに、伊予鉄道はこのカラーリングをグループのバス会社にも展開。路線バスはもちろん、東京や大阪と

伊予鉄道の旧型路面電車　新型車両と同じオレンジ色一色となった

松山を結ぶ夜行高速バスもオレンジ色になり、大都会で伊予鉄道の存在を強烈にアピールしている。愛媛＝みかん＝オレンジ色、というのはなんともベタな連想ではあるが、ブランディング、あるいは広告塔という観点で考えると、大いに成功したといえるだろう。

車両のデザインをブランディングの象徴とする例は、相模鉄道（以下「相鉄」）でも見られる。同社は創立１００周年を前に、ブランドイメージと認知度の向上を図る「相鉄デザインブランドアッププロジェクト」を２０１３（平成25）年から展開している。背景には、首都圏を走る大手私鉄で唯一、東京都内に路線を持っていないことから、他社と比べて認知度が低いという事情があった。さらに、相鉄を知っていたとしても、同社に対して「地味」「田舎っぽい」という、どちらかといえばネガティブなイメージを持つ人も少なからずいたという。一方で、２０１０年代後半にはＪＲ東日本と、２０２０年代前半には東急と線路がつながり、両社との相互直通運転によって東京都心と直結される予定となっていた。相鉄が沿線と共に発展するには、まずは認知度を上げると同時により洗練されたイメージを持ってもらう必要がある……そのための取り組みだった。

プロジェクトでは、駅舎のリニューアルや制服の一新などが行われたが、最も注目を集めたのはやはり車両のリニューアルである。相鉄の車両はこれまで、形式ごとにカラーリングが異なっており、言い方を変えれば統一感がなかった。そこで、横浜の街が刻んできた歴史をイメージした、「ＹＯＫＯＨＡＭＡ　ＮＡＶＹＢＬＵＥ」という濃紺色を採用。ステンレス車両も同じ色で彩られた。ＪＲ東日本との相互直通運転に使われる車両はＪＲの設計を流用したものであるが、カラーリングや内装の変更によって全く異なる印象の車両に仕上がった。

そして、その効果は絶大だった。相互直通運転を前に試運転が始まると、ＪＲ線を走る濃紺色の車両は大きな話題となり、終点となるＪＲ新宿駅などでは鉄道ファンのみならず、多くの人がカメラを向けた。相鉄にとっても自社のＰＲを行う絶好の機会であり、運転台

試運転で乗り入れたJR線内で強烈な存在感を放つ相模鉄道の車両

にマスコットキャラクター「そうにゃん」のぬいぐるみを置くなどしてアピール。写真がSNSに流れ、それを見た人々からさらなる注目を集めるという、好循環が生まれた。認知度向上にも大きな威力を発揮したのはいうまでもない。

これらに代表されるように、車両のカラーリングを変更するというのは、その企業のイメージをアップデートする絶好の手段でもある。多くの人々の注目を集め、メディアに取り上げられることも多い。また、話題になるということは、企業の存在価値を高めるだけでなく、そこで働く人々のモチベーションにもつながる。誰であれ、自分の仕事や働く会社にスポットが当たるのはうれしいことであるに違いない。昨今、企業に求められている「働きがいのある会社づくり」という点でも有効だ。

もちろん、だからこそ変更にあたっては慎重かつ大胆な判断が必要であり、時には変更しないという結論にもなる。阪急がマルーン色からの脱却を検討し、結果としてマルーン色を守り抜いたというのも、これまでに培われたブランドイメージを守るべきだという判断に至ったからに他ならない。いったん動き出した変化を元に戻した京急の例もそうであるが、「変化させない」という決断もまた、勇気が必要だ。

大手鉄道会社で走っていた中古車両を導入した地方の鉄道が、元のカラーリングを残したまま走らせるのも、ブランディングの一つといえる。東京メトロ銀座線や日比谷線の車両を譲り受けた熊本電気鉄道（以下「熊電」）もその一つ。同様に東京メトロの中古車両を使う他社が、帯の色などを変更するなか、熊電はほぼそのままで運行している。これは、東京の鉄道ファンが懐かしさを求めて来訪することを期待しているというのもあるが、沿線の人々に都会の雰囲気を味わってほしいという思いもあるそうだ。さらに、これまで運行してきた元事業者に敬意を表し、〝もっともその車両らしいデザイン〟であるオリジナルの姿を残しているのだという。これらの車両は帯の色だけでなく、扉や車内に貼られたス

熊本電鉄で活躍する元・東京メトロ01系　ロゴマークも似たものが用意された

テッカーも東京メトロ時代のまま。車両の外側に貼られていた東京メトロのロゴマークはさすがに撤去されたものの、その位置に新たに掲出された熊電のロゴマークは、東京メトロのものに似せたデザインとするこだわりぶりだ。遊び心も付け加えた車両は、熊電のブランディングにも一役買ったことだろう。

○鉄道車両の流行色

ところで、鉄道車両のカラーリングやデザインには、どうやら流行りがあるようだ。黎明期の鉄道車両は、蒸気機関車を除けばどれも四角四面の車体であったが、大正時代には前頭部を半円柱状の曲面で構成した車両が登場。特に関

流線型を取り入れた国鉄EF55形　「ムーミン」の愛称で親しまれた

西では、阪神電気鉄道の３１１形や南海電気鉄道の電２形、近鉄の前身である大阪電気軌道のデボ1形など、各社がこぞって採用した。続いて、昭和初期にはいわゆる流線型が世界的に流行し、日本でも国鉄のＥＦ55形やモハ52形、私鉄の名鉄３４００系や京阪１０００型などが、いずれも大きな注目を集めた。

そして、この頃流行したもう一つのデザインとして、車体の塗り分けがある。この章の冒頭で述べたとおり、それまでは鉄道車両といえば濃色系の単色塗装というのが定番だったが、クリーム色やスカイブルー、ライトグリーンといった淡色系が使われるようになり、また車体の上下、あるいは窓周りとそれ以外で色味を変えるツートンカラーも、煤煙で汚れることが少ない電車や気動車を中心に取り入れられるようになった。

こうした流行は、戦時中にはいったん消え去ったものの、復興が進むにつれて徐々に戻ってゆく。やがて、１９５０年の湘南色登場につながるのだが、そのきっかけとなった80系電車は、もう一つの大ブームを作り上げた。それが、前面の中央に折り目を入れる形で左右に後退させ、さらに上半分を傾斜させて、都合４枚の平面で構成するというデザインである。言葉で説明するのは難しいのだが、写真で見れば一目瞭然であり、またこの前面デザインの車両を一度は見たことがある方も多いだろう。「湘南電車」こと80系電車で初めてお目見えしたことから、この前面スタイルを「湘南顔」と呼ぶようになったが、デザイン自体は湘南エリアと何の関連もないのが面白い。

そして、「湘南顔」は大流行した。80系電車と瓜二つのものから、窓の大きさやライトの位置、あるいは平面構成に変化をつけたものまで、様々なバリエーションが生み出され、全国津々浦々で活躍。現在も、前面2枚窓の車両が登場すると「湘南顔」と表現されることがあるくらいだ。前面形状でいえば、例えば世界初の寝台電車といわれる国鉄５８１系が採用した、運転台を上部に配して貫通路を設けたスタイルは、その後４８５系や１８３系を経てＪＲ東日本６５１系やＪＲ西日本６８１系などにも影響を与えており、また〝団

「湘南電車」と呼ばれた国鉄80系　写真は東北本線の電化試運転時

近江鉄道に譲渡された元・西武鉄道新101系　これも湘南顔の派生形といえる

子鼻〃と呼ばれる0系新幹線の前面形状が200系や100系に発展するなど、後継車種のデザインに受け継がれたり愛称がつけられたりしたケースはある。だが、これほどまでに全国的なブームを起こし、今も親しまれているというのは、日本の鉄道史全体を見渡しても他に例がないといえる。

一方、平成初期にはカラーリングに新たな流行が見られた。ツートンカラーを採用する場合、濃色系を下部、淡色系を上部にすると心理的に安定感が出ることから、この配色を採用する車両がそれまでは多く、また逆に特急車両はあえて安定感を消しスピード感を出すため、窓周りを濃色系、それ以外を淡色系とするケースが多かった。対して、この頃からは下部を白またはごく薄い色、上部を鮮やかな色とした車両が増え始める。近鉄23000系「伊勢志摩ライナー」や阪神5500系、JR西日本283系「オーシャンアロー」がその初期の代表例といえ、直近ではJR東日本のE5系が当てはまる。定石を崩すことでインパクトを大きくし、ブランディングにつなげようという考えであろう。

そして今、車両デザインに新たなトレンドが生まれている。従来、車両の差し色といえば、窓下に横方向の帯を入れるというのがオーソドックスだったが、最近はJR東日本E235系のように、ドア部分などに縦方向の帯を入れた車両が増えている。その理由は、ホーム

ホームドアがある駅でも見分けられるよう客扉部分に縦の帯を配したE235系

からの転落を防止すべく整備が進められている、ホームドアだ。このうち最もオーソドックスな「可動式ホーム柵」は、扉状の柵が胸元程度の位置まであるため、窓下にある帯が見えない。そこで、帯を縦方向にすることでホーム柵が閉じた状態でも色が見えるようにし、ラインカラーを明示するとともに扉の位置も分かりやすくしているのだ。同じ理由で、窓上に帯を追加した例もあるが、これも現代ならではの「デザイン上の配慮」といえる。

◯個性的な見た目で差をつける戦略

デザインとブランディングの関係について、もう一つ興味深い例をあげたい。

北総鉄道、千葉ニュータウン鉄道、北大阪急行電鉄、そして泉北高速鉄道。この4社には共通点があるのだが、皆さんはお分かりだろうか。

……と、もったいぶっても仕方がないので答えをいうと、この4社はいずれもニュータウンの建設に際して計画された鉄道であり、都心に路線を持つ鉄道会社と相互直通運転を行うことで、ニュータウンからの通勤通学輸送を担っている。本来なら、乗り入れ先の鉄道会社が自らニュータウンまで路線を伸ばせばよいのだが、様々な事情によってそれが叶わなかったため、このような形態をとることになった。ただし相互直通運転を行う場合、2社それぞれの運賃が合算される関係で、乗車距離が同じでも1社単独の路線と比較して運賃が割高になってしまう。加えて、ニュータウン鉄道は建設費が高額となるケースも多く、4社のうち北大阪急行を除く3社はそれが運賃にも反映されている。ちなみに、北大阪急行はニュータウンの足であると同時に、1970(昭和45)年に開催された日本万国博覧会、通称大阪万博のメインアクセスを担っており、その会期中の収入で莫大な建設費をほぼ償還できたことから、低廉な運賃を維持できている。とはいえ、1社単独として計算するよりも高くなることに変わりはない。一方で、こうした話は事業者側の都合であり、利用者にとっては「他の路線よりも高い運賃を支払わされている」となる。

「ゲンコツ電車」との異名がついた北総鉄道7000形

そうした事情を知った上で、この４社の車両を見てみると、随所に通勤車両らしからぬデザインが盛り込まれているのに気づくだろう。例えば、その前面形状。北総鉄道が初期に導入した７０００形は、横から見るとギリシャ文字の「Σ」に似た独特の形状であり、千葉ニュータウン鉄道の９１００形は緩やかな曲面を描く流線型だ。どちらもその形状ゆえ前頭部が大きくなっていて、相対的に客室の面積が狭くなっているが、多くの乗客を運ぶことが重要な通勤用車両において客室が狭くなるというのは、一般的には避けるべき項目である。もちろん、複雑な造形とすればそれだけ製造コストもかさむことになる。

また、ニュータウン鉄道の車両は車内などの

親会社である阪急の車両に似た内装とされた北大阪急行電鉄8000形

設備にも特徴が見られる。北大阪急行電鉄の8000形や9000形は親会社である阪急の車両と同様、木目調の壁やゴールデンオリーブの座席を備えているほか、連結部の扉は通勤用車両としては異例の自動扉となっている。関西において、いや全国的にも、阪急の車両は「上品」「高級」といったワードで語られることが多いが、そのエッセンスがふんだんに盛り込まれているのだ。また、前述の千葉ニュータウン鉄道9100形は、公衆電話やラジオの再送信設備を搭載。泉北高速鉄道の7000系は、増解結に対応した貫通型の前面を持つが、貫通扉や幌を覆う形の外扉を設けることで平滑に仕上げられている。これらの設備は特急用車両においても珍しく、通勤用車両に取り入れられるのは異例のことだ。

では、各社はなぜそこまでしてこのような車両を導入したのか。そこには、ブランディングという視点があった。すなわち、ひと目でそれと分かる画期的な、いわゆる「カッコいい車両」とすることで、高額な運賃を払うだけの価値があると思ってもらおうというわけだ。さらに、これらの車両は相互直通運転によって都心部まで乗り入れるため、沿線外で多くの人の目に触れる。自社をＰＲするには絶好のチャンスであり、魅力的な車両とすることで沿線への移住につなげたい……という、相鉄と同じ思惑もあるに違いない。

○あの車両は引退したはずでは？――浸透したイメージが生んだ勘違い

最後に、車両のカラーリングがブランド化した路線の、面白い話を取り上げたい。

第2章でも紹介したＪＲ大阪環状線は、戦前に天王寺～京橋～大阪～西九条間で営業を開始しており、１９６１（昭和36）年に残る西九条～天王寺間が開業したことで、現在のような円形の路線となった。国鉄はこれに合わせ、当時最新鋭だった１０１系を、既開業区間で走っていた旧型車両と同じオレンジ色で投入。１９６９（昭和44）年にはその改良

大阪環状線103系の引退セレモニー　社員からも愛されていたことが伝わる

型であり、ほぼ同じ車体デザインの103系が、同じくオレンジ色でデビューした。両形式を合わせた活躍期間が半世紀以上に及んだこともあって、近年は同線を走る列車の過半が白色をベースとした221系、あるいはステンレス車体の223系や225系など快速用車両であったにもかかわらず、「大阪環状線といえばオレンジ色の車両」というイメージが不動のものとなっていった。

その後、103系は他線から転入してきたオレンジ色の201系、さらには大阪環状線専用車両という触れ込みで2016（平成28）年にデビューした323系に置き換えられ、徐々に減少。2017（平成29）年に最後の1編成が現役を退いた。103系は鉄道ファンから注目される存在だったことから、ＪR西日本は引退にあたって大がかりな記念イベントを実施。一般の利用者や沿線住民からの反響も大きく、１０３系に語呂を合わせた10月3日の引退日には、在阪メディアがこぞって取り上げた。筆者も、「大阪環状線といえばこの車両だったので、明日からは寂しくなります」とカメラ片手に見送る利用者（鉄道ファンではない）を取材した記憶がある。

そして、明けて10月4日。沿線では「あれ?」という声が聞かれた。「昨日引退したはずなのに、オレンジ色の電車がまだ走ってる!」というのである。それもそのはずで、昨日引退したのは「オレンジ色の１０３系」であり、その一因となった「オレンジ色の２０１系」は、まだ引退していないのだから、当然といえば当然だ。だが、鉄道のことに詳しくない大多数の人々からすれば、１０３系と２０１系は同じような姿をしているため、「オレンジ色の１０３系が引退」がいつしか「オレンジ色の電車が引退」として広まったのである。なかには「オレンジ色の電車が引退と聞いてしみじみしていたのに、今日も走っているのはどういうことか」という問い合わせもあったとかなかったとか。ＪR西日本にとっても〝想定外の事態〟だったようで、今となっては笑い話だが、当時は肝を冷やしたそうだ。

結局、その2年後には２０１系も引退。今度こそ「オレンジ色の電車」が大阪環状線から姿を消したのだった。車両のデザインによる路線のブランディングが、思わぬ形で反響を呼んだという例である。

第4章

鉄道をより安全にするためのデザイン

鉄道の車両や駅をデザインするに当たって、最も大事なことは、見栄えでも使いやすさでもなく、「安全」である。いくらカッコ良く乗り心地が良い車両であっても、安心して乗車することができなければ、鉄道車両としては失格だ。

振り返れば、鉄道の歴史においてはしばしば、「安全」という観点から起こったデザインの変化が見られる。ここでは「安全」をキーワードに、鉄道のデザインを考えてみよう。

○最初の鉄道事故

日本で最初の鉄道事故は、いつ起こったのか。記録をたどると、その日は1872（明治5）年10月14日（旧暦の9月12日）、つまり新橋〜横浜間に日本で最初の鉄道が開業した、まさにその当日となっている。世にも珍しい蒸気機関車というものをひと目見ようと、駅や沿線に多くの人が押し寄せたが、事故の被害者もその一人。新橋駅で蒸気機関車を見物していた時、レールの間にあった燃焼後の石炭ガラを落とすくぼみに落ちてしまい、あわてて這い上がろうとレールに手を掛けたところ、やってきた蒸気機関車に指を切り落とされた……という、聞いただけでも痛い話である。

記念すべき日に不名誉な事故が起こってしまったわけだが、実は世界初の鉄道事故も、その開業日に起こった。舞台となったのは、蒸気機関車を使った鉄道の実用化に成功し「鉄道の父」と呼ばれたジョージ・スチーブンソンが、１８３０年に開業させた世界初の旅客鉄道、リバプール＆マンチェスター鉄道である。線路内に立ち入った地元国会議員のウィリアム・ハスキソンが、やってきた記念列車に轢かれてしまった。「列車は急に止まれない」というのは現代社会において常識であるが、当時はそもそも鉄道車両を見るのも初めてという人ばかりで、人や馬のようにすぐ止まれると思っていたのであろう。機関車を運転していたスチーブンソンは、ハスキソンを病院に運ぶため記念列車の運転を中止し、全速力で走らせて病院に向かったものの、残念ながら助からなかったという。

これらの例を見るまでもなく、鉄道というのは、いや鉄道に限らず乗りものの多くは、元来危険を伴うものである。それゆえ、事故が起こらないように、あるいは事故が起こったとしてもその被害を小さくできるよう、様々な安全対策が施されている。例えば、埼玉県の鉄道博物館に展示されている蒸気機関車「弁慶」や、京都鉄道博物館で動態保存されている「義経」は、前頭部に「カウキャッチャー」と呼ばれる三角錐形の大きな柵が取り付けられている。２両は新橋〜横浜間、大阪〜神戸間などに続いて、北海道で初めて開通

官営幌内鉄道が輸入した「義経」号　前頭部に頑丈なカウキャッチャーが見える

した官営幌内鉄道がアメリカから輸入したもの。現地では、線路内に入った牛を機関車が巻き込んで脱線することがないよう、カウキャッチャーをつけるのが一般的であり、「弁慶」と「義経」もそのまま日本にやってきたというわけだ。この装備が日本でも役に立ったかどうかは定かでないが、日本の鉄道で最初の安全装備ということはできるかもしれない。

初期の鉄道は、駅周辺を除いて人里離れた場所を走ることが多く、人との事故に対する備えは重要視されていなかったが、やがて街中を路面電車が走るようになると、そうもいっていられなくなった。事故の根本的な原因は、「列車が来るとは思っていなかった」「列車がそれほど速いとは知らなかった」「列車は急ブレーキを

愛知県の博物館明治村で動態保存されている京都市電　前面に救助網がある

掛ければすぐに止まれると思った」などという、鉄道に対する無知から来るものである。もちろん、多くの人にとって鉄道という乗りものはまだ〝未知の存在〟であり、いたずらに責めることはできない。

そこで鉄道各社や行政は、鉄道が安全に運行できるよう、そしてなによりも事故によって人に危害が及ばないよう、様々な対策を立てた。その一つが、路面電車における「告知人」という制度である。これは、人通りの多い市街地や列車の接近に気づきにくい夜間に、告知人が「電車が来まっせー、危のおまっせー」と叫びながら赤い旗（夜間は提灯）を振って列車の前を走り、通行人に知らせるというもの。なんともハードな仕事であり、主に子どもや若者がその役目を担っていたようで、悪さをする子どもに対して親が「そんなことばっかりしていると、告知人にするよ！」と叱った……という逸話も残っている。

当時は電車の速度が遅く、人が全速力で走れば先行できたからこその方法であるが、なによりも「告知人が電車の前を走る」という行為そのものが危険であり、実際に告知人が電車に轢かれるという、本末転倒な事故も発生した。そこで、これに代わる設備として考案されたのが「救助網」で、電車と人が接触しても前面に取り付けられたこの網が救い上げ、電車の下に巻き込むことがないよう工夫された。また、運転台の足元には電車の接近を知らせるため、「フットゴング」と呼ばれる足踏み式の鐘が設置され、要所要所で鳴らした。近年、発車時や交差点の通過時に電子メロディを流して接近を知らせる路面電車が見られるが、そのルーツである。

○事故を教訓に安全性は高まる

その後も、いくつかの事故を教訓として鉄道車両のデザインは変化した。扇風機やクーラーがまだなく、夏場は窓を全開にして走っていた時代には、窓から人が落ちるのを防ぐ

工場で修繕作業中の大阪市電気局（当時）100形　前面窓下に見えるのが折り畳まれた状態の安全畳垣

ための保護棒が取り付けられていて、今でも一部の路面電車で見られる。また、いくつかの車両では固定窓の内側に保護棒が取り付けられていることもあるが、これは満員電車で人の圧力によって窓ガラスが割れないようにという対策である。

戦後の資材不足時には、同様にこうした圧力でガラスが割れないよう、またガラス自体が不足していたことから、窓を細かく分割して小さなガラスを使っていた。ところが、1951（昭和26）年に発生した国鉄桜木町事故ではこれが仇となり、火災が発生した車両から窓ガラスを破って車外へ脱出することができず、多くの死者が出てしまった。事故を起こした63系電車は、客室窓が3段でこの

前面にも取り付けられた転落防止幌（223系5000番代）

うち中段は固定されていたが、これが人的被害を大きくする一因となったことから、事故後に中段も開くよう応急改造を実施。この後に設計された車両で3段窓が使われることはなくなった。また、それまで電車は車両間を通り抜けできる貫通路が整備されておらず、扉は室内側に開く内開き式で幌も設置されていなかったが、こちらも常に使用できる状態とされた。

近年では、車両連結部の外側に設けられた転落防止幌がその例である。視覚障碍者や酔客、ラッシュ時にホームを歩く乗客が押し出されて転落するのを防ぐこの装置は、実はそれほど新しいアイデアではない。１９２７（昭和２）年に開業した日本初の地下鉄である東京地下鉄道（現在の東京メトロ銀座線）の１０００形や、

１９３３（昭和８）年に開業した大阪市電気局（現在の大阪メトロ御堂筋線）の１００形などが、「安全畳垣」という名称ですでに装備していた。連結作業の邪魔になることなどから、当時はそれほど普及しなかったものの、２０００年代に入ると再び増加。国のバリアフリー整備ガイドラインに盛り込まれたこともあって、現在は一般的な設備となった。

さらに、このガイドラインでは列車の増結によって先頭車同士が顔を合わせる箇所は設置を義務づけておらず、「転落防止ほろが設置できない場合には、音声などによる警告を行うことが望ましい」というものにとどまっていたが、ここに人が転落し、気付かず発車した列車に轢かれて死亡するという事故が２０１０（平成22）年に発生。これをきっかけに、ＪＲ西日本は編成の中間部に入る可能性がある先頭車を対象に、その前面にも転落防止幌を設置するようになった。この幌は、普段は先頭部の目立つ位置にあること、その際は運転士の視界を妨げる可能性があること、また風や雪の影響を受けることから、デザインが工夫されている。

○ホーム側でも進む安全をつくるデザイン

車両側で様々な工夫がなされる一方、ホーム側での転落防止対策として近年強力に進められているのが、ホームドアの設置だ。その役割について説明は不要であろう。ホームからの転落を物理的に阻止できるため、設置されたホームでの転落事故件数はこれまでゼロである。もちろん、故意に線路内に立ち入るという行為を防ぐことはできないものの、心理的な面も含めて抑止効果は高く、ホームドア設置駅ではそれらの件数も激減している。

このように、ホームドアの設置は安全対策として非常に効果的であることから、鉄道事業者は乗降客が多い駅を中心に設置を進めており、国や自治体も補助金を出すなどしてこれを後押ししている。だが、1ホーム当たり1～数億円の費用がかかることもあって、進捗ははかばかしくない。国は整備を推進するため、ホームドア設置をはじめとするバリアフリー化の整備費用を運賃に上乗せできる「鉄道駅バリアフリー料金制度」を2021(令和3)年末に制定。大手鉄道事業者の多くが制度を活用する予定である。

だが、費用面がクリアできたとしても、ホームドアの設置にはもう一つ大きなハードルがある。それは、機器の重さ。「ハーフハイト式」と呼ばれる、高さが胸くらいまである一般的なホーム柵の場合、扉1か所につき数百キログラムの重さがあり、これをホーム先端に設置するには、ホームやその基礎にそれなりの強度が必要となる。もし重さに耐えられない場合は補強工事を実施することになるが、この工事が非常に困難を伴うのだ。というのも、昼間はそのホームを旅客が行き交うため、終電後から始発列車が来る前までの数時間しか作業ができない。さらに、１日の作業が終わった後には旅客がホームを利用できるよう復旧し、次の作業時にそれを撤去するという手順が必要となる。その復旧も「とりあえず」というレベルではダメで、万が一にも旅客が段差につまづいたり機材に触れたりしてケガをしないよう、万全な対策が求められる。実際、工事が始まってからホーム柵が姿を現すまでに数か月、時には年単位の時間がかかり、その間もホームの床面は鉄板や滑り止めのゴムなどすき間や段差がきれいに埋められている。また、設置後のホーム下はホーム柵の設置された部分が大きく改修されていることにも気づくだろう。

最近は、これらの課題を解決する、新たなホームドアも開発されている。もともとホームドアは、一部の新幹線駅を除いて「フルスクリーン式」と称される天井まであるものが主流だった。やがて軽量化や運用のしやすさなどを狙ってハーフハイト式が主流となり、さらに扉の数が違う車両に対応したロープ昇降式、扉部分をパイプとして軽量化したタイ

可動式ホーム柵設置工事の様子（上野駅京浜東北線ホーム）

「ハーフハイト式」と呼ばれる可動式ホーム柵（東急田園都市線渋谷駅）

東京メトロ南北線はフルスクリーン式ホームドアを採用（永田町駅）

扉の位置が違う車両にも対応できるロープ式の可動式ホーム柵（高槻駅）

プなども生まれた。

そして、ホームドアの進化は安全確保に絶大な効果をもたらしただけでなく、明るさや見栄えが変わるなど、ホームのデザインにも影響を及ぼしている。ホームドアの線路側、つまり列車から見える側に駅名標が貼られたり、戸袋部分のホーム側に液晶パネルによる案内や広告を流す液晶パネルが設けられたりする例も増えているが、これも新たな〝壁〟ができたことによる変化の一つだ。一方で、鉄道ファンはいうまでもなく、一般の利用者も記念写真が撮りづらくなり、家族や友人の見送り方などにも変化が見られる。今後もホームドアが普及するにつれて、駅と人との関わり方が少しずつ変わってゆくのかもしれない。

○忘れてはならないあの事故も教訓に

鉄道事故がデザインに大きく影響を与えた例として、もう一つ忘れてはならないのが、2005（平成17）年4月に発生したJR福知山線の脱線事故である。事故の詳細やその原因についてここでは触れないが、これをきっかけとしてJR西日本は、事故が発生した際に少しでも被害を軽減できるよう、車両側に数々の対策を取り入れるようになった。

吊り革や手すりなどに安全対策が施されたJR西日本の車両（225系）

　このうち、デザインという観点に絞って見てみると、まず目につくのが車内の吊り革だ。事故後に開発された２２５系や３２３系などは、持ち手の部分が一回り大きくなっており、その色もオレンジで非常に目立つ。数も従来の基準より増やされているが、これらは急ブレーキを掛けた際など、とっさの場合に掴みやすくするという目的からである。同様に、ドア横など各所に設けられた手すりも色や形、太さが改良され、握りやすくなった。

　さらに、こうした手すりをはじめとする車内各所の出っ張りは、角が丸められ、人がぶつかってもけがをしにくい形状とされている。ロングシートの着席客と扉付近の立ち客を仕切る袖仕切りも、それまでの手すり式からモケットを張った大型のものとすることで、人同士の接触を防ぐ。

こうした数々の変更は安全性を高める反面、見た目という点で車内空間のデザインにマイナスの影響を及ぼしかねない。それまでにＪＲ西日本が開発した２０７系や２２１系などは、どちらかといえば自宅のリビングのようにくつろげる、あるいは都会的でおしゃれな空間をコンセプトとしたデザインがなされており、カラースキームもビビッドな色使いではなく、クールな雰囲気にまとめられていた。そうした空間だからこそ、オレンジ色の吊り革や手すりがより目立ち、その色を選んだ本来の目的が果たされるわけだが、デザイン的には受け入れがたいというのがデザイナーとしての正直なところであろう。大型の袖仕切りも、安全性が高まる一方で、車内の見通しが悪くなり、空間を広く見せるという鉄道車両の〝セオリー〟には反する設備である。

だが、「こうした変更を行うことにためらいはなかった」と、ＪＲ西日本のデザイン担当者は話す。より安全・安心な車両を作り上げることが最大の使命であり、それが最優先されるべきだという考えの下、一切の妥協はしなかったという。同事故の是非はともかくとして、こうした方針の変化やその成果については、一定の評価がなされてしかるべきだろう。

事故を契機としたデザインの変化は、外観にも表れている。これまで鉄道車両は、主に踏切事故での被害軽減を主眼とした対策が取られ、それが前面デザインにも反映されていた。例えば、国鉄の１０３系や１５３系はもともと運転席が客室と同じ高さにあったが、製造途中で一段高い位置に上げられ、乗務員が巻き込まれにくいようにしている。また、１９９０年代にはダンプカーなどの大型車両と衝突した場合に備え、運転台部分を鉄板などで補強した車両も増加した。一方で、この頃から衝突事故に対する力学的な解析が本格的に導入され、自動車で一般的になりつつあった「衝撃吸収構造」の考え方が鉄道車両にも取り入れられてゆく。これは、鉄道車両を「頑丈で壊れにくい部分」と「強度を落とした相対的に壊れやすい部分」に分けて設計し、乗務員室や客室を頑丈にして守るとともに壊れやすい部分で衝撃を吸収するという考えである。近年の車両は、それまでより乗務員室が前後方向に広いものが増えているが、これは運転席と客室の間をクラッシャブルゾーン（壊れやすい部分）としているためだ。

ＪＲ西日本でも、前述の２２５系や３２３系、さらにはこれらに先駆けて導入された５２１系増備車で、衝撃吸収構造が取り入れられた。同社のそれは、従来の構造をさらに進化させたもので、運転席を覆う形でフレームを強化。さらに前面の下部を壊れにくく、上部を壊れやすくし、事故時の衝撃を上方に逃がす仕組みとしている。力の流れを柔道の

JR西日本の225系　正面衝突時の衝撃を上方に逃がす構造となっている

技に例えて「巴投げ方式」とも呼ばれるが、この方法によって乗務員室後方のクラッシャブルゾーンが必要なくなり、その分客室を広くとることが可能となった。

そして、こうした安全対策は新造車両の設計に取り入れられるだけでなく、リニューアルの時期を迎えた既存車両にも導入・展開されている。安全については決して妥協しない、という考え方が、ここにも表れた形だ。

○ＪＲ西日本のリノベーションという考え方

ＪＲ西日本の車両デザインについて、もう少し見てみたい。

同社では、前述の安全対策に加えて、外観や内装の更新工事を在来車両に行っている。更新工事自体は他社でも一般的に行われているが、同社のそれは更新工事後の水準をどこに設定しているかという点で、特筆に値する。というのも、一般的な更新工事は傷んだ車体を補修したり、古くなった車内をきれいにしたりといった、いわば「車両を製造時の状態に戻す」という考えが基本であるのに対し、同社が「リノベーション」と称する更新工事は「現在の新型車両に近い水準まで引き上げる」というのを目標としているのだ。例えば、国鉄時代に製造され、現在も一部が活躍を続ける１０３系や２０１系、１１３系は、更新工事に際して座席のモケットや壁の化粧板を新しくするだけでなく、大掛かりな改造によってクーラーのダクトや扇風機の構造を変更。ＪＲ西日本が開発した２０７系や２２１系に準じた、すっきりとした見栄えとなった。天井に並ぶ蛍光灯も、国鉄時代はコストを優先した裸の状態だったのが、カバーを取り付けることで安っぽさを消している。

背景にあるのは、同社が置かれている環境だ。首都圏を基盤とし、盤石な収益構造を持つＪＲ東日本に対して、ＪＲ西日本は新車の製造に投じられる資金が相対的に少ない。一方で、同社の本拠地である京阪神エリアは、古くは〝私鉄王国〟といわれるほど大手私鉄の勢力が強く、高級感あふれる阪急や2階建て車両に無料で乗れる京阪など、魅力的な車

リノベーションによってサービス水準が新型車両並みとなったJR西日本の103系

両も多く走っていた。国鉄時代の車両を使い続けなければならないなか、これらライバル会社と対等に渡り合うためには、単なる更新工事ではなく、リノベーションという考え方が必要だったのである。

そして、徹底したリノベーションは乗り心地や車内環境を良くするとともに、乗客が持つ「JR西日本の車両はこういうものだ」というイメージも変えていった。乗客にしてみれば、その車両が去年造られたものなのか、30年前に造られたものなのかはそれほど重要ではなく、乗り心地が良いか、車内が快適であるか、という点が大切である。実際、リノベーションが行われた車両に乗り合わせた人が「新車が来た！」と話す場面を、筆者は何度も目撃しているが、これもリノベーションという考え方が成功している証左であろう。

さらに、リノベーションはもう一つの効果も生み出した。新型車両と部品や素材を共通化することで、補修や清掃などの作業性が向上したのである。これまでは車種ごとに必要だった予備部品をまとめることができ、トラブルへの対処もしやすくなったという。結果として、快適な車両をより長く提供できるようになり、利用者にとってもプラスに働いている。

○安全性のアップデートは続く

ところで、国鉄時代の車両をリノベーションするに当たっては２０７系や２２１系が参考とされたが、２０１０年代に入るとこれらＪＲ第一世代の車両もリノベーションの時期を迎えることになった。ここで求められたのは、「デザインや部品の共通化によって、国鉄世代とＪＲ世代のギャップを埋める」という従来の考え方から一歩進んだ、「これまで目標としていた車両を最新の技術・サービス水準へとさらにアップデートさせる」というものであり、さらに前述の安全対策も盛り込まれた。モケットだけでなく座席自体の更新によ

最新車両に合わせて液晶ディスプレイが設置された223系

る乗り心地の向上、トイレの大型化や車いすスペースの設置、ドアチャイムの導入といったバリアフリー対策などもその一つである。また、2020（令和2）年からは223系の客扉上に設置されている情報案内表示装置が、製造当時に〝最先端〟だったLED式から現在の主流である液晶ディスプレイ式へと変更された。単に表示装置を交換すればよいわけではなく、制御システムの一新、制御や電源用ケーブルの取り回しなど編成全体に関わる改造となるのだが、これによってより多くの情報が表示できるようになり、インバウンド対策としても有効に働いている。

こうしたJR西日本の車両リノベーションは、利用者だけでなく様々な業界からも評価され、2014（平成26）年にはグッドデザイン賞に選定された。グッドデザイン賞とは、製品や建築物はもちろん、ソフトウェアやサービスなど、世の中の様々な〝良いデザイン〟を評価・顕彰しようというもの。これまで鉄道車両が個別の形式で受賞したことは多々あるものの、「車両の更新」という取り組み全体に対して授賞するのは、日本初の事例であった。それだけ画期的だったということである。

そして今も、JR西日本の安全性に対するアップデートは続いている。第3章で紹介した323系は、大阪環状線では8号車（内回り列車を基準として最後尾）が最も混雑するという特殊事情を考慮し、この車両だけ座席数を減らして扉付近のスペースを広くした。143ページで触れた大型の袖仕切りも、これまでは座席に対して直角についていたのを斜めにすることで、肘掛けに腕を置いた際に出っ張る肩部分のスペースを確保。同時に、扉際に人が立った場合でも乗降客の流れを妨げないようにした。いずれも、安全性と共に快適性や乗降のしやすさを両立させたデザインである。細かい点では、客扉の溝に設けられた水抜き用の穴に傘や女性のヒールが刺さり、ケガにつながることがないよう、細い横棒が追加されている。

これからも、乗客がより安全に利用できるよう、鉄道車両のデザインは進化し続けるだろう。

第5章

鉄道のデザインが人々の暮らし方を変える

第2章で述べたように、鉄道にとって駅は必要不可欠な存在である。駅があるからこそ人々は鉄道を利用することができ、また駅の使いやすさが鉄道の利用に直結する。

そして同時に、駅は街にとっても重要な役割を持つ。駅の有無は街が発展するかどうかを左右する大きなファクターであり、それゆえ明治時代から現代にいたるまで、全国津々浦々で駅の誘致合戦が繰り広げられてきた。そして今も、まちづくりは駅を中心として行われることが多い。

この章では、都市計画、つまり都市のデザインに鉄道や駅がどう関わっているのか、そしてそれが人々の暮らしとどうつながっているのかを見てみたい。

○駅は強力な集客ツール

かつて鉄道が人々の移動手段の主流だった頃、駅は今とは比べ物にならないほど大きな存在だった。駅には鉄道を利用する人たちが集まってくるわけで、見方を変えれば〝強力な集客ツール〟である。また、駅が近くにあるということは、その場所での暮らしやすさに直結する。まだ鉄道が一般的ではなく、蒸気機関車が煙や火の粉をまき散らしながら走っていた頃には、「鉄道は疫病を運ぶ存在である」といった根拠のない噂話が飛び交い、「自分たちの町に駅を作るなんてもってのほかだ」と忌避されることもあった。だが、時が経つにつれて鉄道の便利さが知れ渡り、鉄道によって人々の移動が活発になると、「自分たちの町にぜひ駅を作ってほしい」という声があちこちであがるようになった。なかには地元の名士や住民たちが費用を出し合い、時には駅の建設そのものを手伝うことで、自分たちの集落に駅を開設してもらうといった例も全国で見られたが、鉄道会社にしてみれば建設費用を負担せずにすみ、開業後は利用が見込めるという点では、ありがたい話である。

一方で、こうした経緯によって駅が設置された地域では、「自分たちがお金を払って作ってもらった駅を、他の集落の住民が使うのはけしからん」という声があがることもあったという。心情としては分からなくもないが、かといって駅の利用を制限することは、少なくとも鉄道会社にはできない。「隣の集落の住民が〝自分たちの駅〟のベンチにふんぞり返って座っているのは許せない」と喧嘩が起こり、挙句の果てには隣の集落に通じる道を遮る形で植え込みを作った……などという話もある。

さすがにこれは極端な例としても、小さな諍いは全国で起こっており、その名残をとどめる駅が今も各地にある。国鉄若桜線（現・若桜鉄道）の安部駅は、駅の設置場所を巡っ

若桜鉄道安部駅　駅に接する2つの地名から1文字ずつ取って命名された

て線路が通る日下部地区と八東川の対岸にある安井宿地区の住民が真っ向から対立。数年間にわたる話し合いの末、安井宿地区からも利用しやすい位置に駅舎とホームが設けられたが、この影響によって駅の開業が鉄道の開業より1年以上ずれ込んだ。「安部」という駅名も、「安」井宿と日下「部」から1文字ずつ取った結果だが、「安」を前、「部」を後ろとすることはすんなり決まったのだろうか、駅が日下部地区にあるので駅名は譲歩したのだろうか……と、余計な想像をしてしまう。

　駅名に隣接する2地区の名前を取り入れるというのは、枚挙にいとまがない。首都圏では白金高輪駅や落合南長崎駅が有名であり、京阪神でも大阪メトロの路線を筆頭に数多く見られ

難読駅名として知られる野江内代駅　2つの地名をそのままつなげた例

る。なかには池尻大橋駅のように一見すると施設名に見える名前があったり（実際は「池尻」と「大橋」の地名を合わせたもの）、野《の》江《え》内代《うちんだい》駅や喜《き》連《れ》瓜破《うりわり》駅のように全国有数の難読駅名として知られる駅があったりと、特徴的なものも少なくない。一方で、阪急の雲雀丘花屋敷駅や名鉄の島氏永駅は、これと同じ命名方法に見受けられるが、実はもともと雲雀丘駅と花屋敷駅、島駅と氏永駅というように、近接して存在していた2駅を統合して生まれた駅である。このうち雲雀丘花屋敷駅は、統合にあたってどちらの駅を残すか、政財界を巻き込んだ大騒動となり、最終的には両地域の自治会長がジャンケンをして決めたという逸話が残っている。また、島氏永駅は両地域の境目に設置されたが、今も上りホームは氏永地域、下りホームは島地域と、互い違いの配置である。

西武鉄道の一橋学園駅に至っては、もともと近接して営業していた小平学園駅（そもそもこの駅名も「小平学園」という施設は存在せず、西武のグループ会社が開発した「小平学園都市」という地域名が由来である）と一橋大学駅を統合し、両駅名の一部を組み合わせた結果、あたかも「一橋学園」という施設が存在するかのような、なんとも情報量が多い駅名になった。

名前ひとつを取ってみても、その地域の人々がいかに駅や鉄道に期待し、思い入れを持っていたかが分かるエピソードといえる。

○駅から街をつくる手法のはじまり

話を駅と街の関係に戻そう。

地域が駅を誘致する動きとは正反対のアプローチが、駅が街をつくるという流れである。その始祖であり、現代に通じる手法を確立したのが、阪急の創設者、小林一三だ。

阪急の前身である箕面有馬電気軌道は、日本有数の繁華街である梅田と、大阪近郊の観

阪急が開発した池田室町住宅地　日本初の住宅ローン販売でも知られる

光地である箕面と宝塚を結ぶ路線として開業した。だが、他の私鉄が市街地を結ぶルートを選んで走っていたのに対し、阪急の沿線は田畑や森がほとんどで、人家はまばら。その様子から、「田舎を走るミミズ電車」と揶揄されることもあった。

当然のことながら、鉄道は人が乗ってくれなければ利益が出ない。では、小林はなぜそんなところに鉄道を建設したのか。もちろんそこには勝算があった。小林は鉄道を開業させるとほぼ同時に、沿線で住宅開発を強力に推し進めたのである。人々が住む場所に鉄道をつくるのではなく、線路を敷いたところに住宅をつくり、利用者を生み出すというこの〝逆転の発想〟は、今でこそごく一般的であるが、当時は画期

駅から同心円状に広がる田園調布の様子。　出典：国土地理院撮影の空中写真を加工して作成：2019年撮影

的な考えだった。結果としてこの目論見は大成功を収め、阪急はもちろん、小林が経営に携わった田園都市株式会社をルーツとする目黒蒲田電鉄［後の東京急行電鉄（東急）］をはじめ全国の鉄道会社が、同様の手法で沿線の住宅開発を手掛けるように。いつしか鉄道会社は街をつくる存在となった。

そして、駅はその中心地かつシンボルとしての役割も果たすようになる。このころイギリスでは、エベネザー・ハワードが提唱した「田園都市」と呼ばれる都市形成の手法が成功を収めていたが、日本でもこれを取り入れた開発が進行。田園調布（東京）や相川（大阪）には世界初の田園都市であるレッチワースを範とした、駅を中心に同心円状に広がる街並みが今も残っており、また千里山（大阪）ではメインの通りに「レッチワースロード」の名がつけられている。

小林一三といえばもう一つ、阪急百貨店の創設にも触れておこう。1925（大正14）年に開業した同店は、鉄道会社が経営するデパートとしては日本初であり、また駅直結という点でも注目に値する。当時、大阪の百貨店は北浜や難波などにあり、阪急の乗客は路面電車に乗り換えて向かっていたが、そうした人々を取り込むと同時に乗客増にもつなげた。沿線での住宅開発と同様、こちらは都心で鉄道会社が手掛けたまちづくりの嚆矢といえよう。小林の功績については別の拙著で詳述しているので割愛させていただくが、鉄道を単なる輸送手段ではなく、まちづくりのツールとして捉えた眼力には敬服する。

○鉄道が及ぼしたまちづくりへのマイナス効果

戦後も第2章で述べた民衆駅のように、駅を中心としたまちづくりが全国で進められたが、一方で鉄道がまちづくりにマイナスの影響を及ぼすことも増えていった。その最たる例が、踏切である。街が発展するにつれて鉄道の利用者も増え、列車の本数が増加したこ

“開かずの踏切”として有名だった東淀川駅の踏切　現在は撤去された

とで、踏切の遮断時間が長くなった。いわゆる〝開かずの踏切〟だ。開かずの踏切は人や車の往来を妨げるだけでなく、渋滞する車の排気ガスや騒音といった公害問題、さらにはしびれを切らした人が踏切内に進入し列車にはねられるという事故にもつながるため、対策を求める声が日増しに高まっていった。

さらに、踏切の設備や数についても問題が生じた。列車の本数が少なく、また交通安全に対する社会全体の認識が薄かった時代には、あちこちに〝勝手踏切〟と呼ばれる踏切（とはいうものの単なる通路）があったし、人が自由に線路を渡ってさえもいた。だが、事故が増えるにつれて踏切の整備が進められると同時に、勝手踏切だけでなく、正規の踏切でも小さなものは

歩行者専用の小さな踏切にも警報器や遮断機が設けられた例（静岡鉄道）

2層構造の連続立体交差化事業が進む阪急淡路駅付近

閉鎖が進んでゆく。つまり、これまで線路のこちら側と向こう側がある程度自由に行き来できていたのが、次第に不可能となり、線路がバリアとなっていったのだ。

こうした不便への対策が迫られるようになったが、だからといって列車の本数を減らすわけにはいかない。そこで、抜本的な対策として線路と道路の立体交差化、なかでも費用面などを考えて高架化が進められた。

立体交差化は、莫大な費用と時間、そして用地提供で移転を余儀なくされる住民など、多くのリソースと苦労を伴って進められる。一方で、そのメリットは踏切がなくなることによる渋滞の解消や事故の撲滅だけではない。先の例でいくと、線路のこちら側と向こう側を行き来するハードルは格段に低くなり、人の流れが活発になる。今までは離れた踏切へ迂回する必要があったので、線路を隔てたすぐ目の前にある商店街に行きづらかったのが、高架化によって道ができ、毎日行けるようになった……そんな声を、工事が終わった沿線のあちこちで筆者も聞いた。

さらに、高架下（あるいは地下線の上）に生まれたスペースも、まちづくりに大いに役立つ。商業施設としての利用はもちろん、公園や緑地、あるいは沿線住民のコミュニティスペースとして活用されることも多い。線路の立体交差化がライフスタイルを変え、人の縁をつなぐきっかけも作り出しているのだ。

○踏切解消の防災効果

ところで、線路の高架化による踏切の解消は、防災面でも大きな意義がある。近年、台風や豪雨などによって線路が冠水する事例が増えているが、ひとたび線路が水につかれば、運行を再開するにあたってバラスト（砕石）が流されていないか、その下の地盤に影響がないかの確認をする必要がある。また、常に風雨にさらされているポイントや信号設備、踏切の機器類なども、長時間水につかるような事態は想定されていない。点検の結果、修理が必要となれば、運転再開がその分遅れてしまう。

こうした運行上のリスクに加えて、災害で列車が踏切上に停車した場合は住民の避難に支障をきたす可能性もゼロではない。実際、２０１８（平成30）年に発生した大阪府北部地震では、列車が緊急停止して踏切を長時間塞いだため、救急車が通報先まで平時なら7分で到着するところ、40分以上かかった事例があったという。

日本が自然災害大国となりつつある今、こうした事態への対策は費用や時間をかけてで

阪神・淡路大震災発生時の阪神石屋川駅付近

も進める価値があり、その手法の一つとしても高架化は有効である。もちろん、耐震性などを十分に考慮する必要があることはいうまでもない。1995（平成7）年の阪神・淡路大震災で大きな被害を受けた阪神電気鉄道は、2019（令和元）年に芦屋〜住吉間の高架化工事が完了したことで、約32キロメートルある本線の約95％を立体化。踏切は本線で9か所、支線を含めても23か所に減少した。地上線の跡地や高架下の開発も進められており、道路が増えたことで地域の利便性も向上している。

街の景色を一変させる高架化は、ともすれば「お金がかかる一方で住宅に陽が当たらなくなり、階段の上り下りが増えて列車に乗るのも大変になる」という、マイナスイメージが先行す

阪神本線芦屋〜住吉間の高架完成記念出発式　高架化で防災機能も強化された

ることも多い。踏切がなくなること以外にもこれだけのメリットがあることを、事業者側はもっとＰＲすればよいのに……と時々思う。

○駅の立体化が街にもたらすメリット

線路の立体交差化と同様、近年は駅の〝立体化〟も一般的である。複線の路線の場合、線路を挟む形で２本のホームがあり、片側または両側に駅舎を配して反対側へは構内や改札外の踏切を渡るという駅も多かったが、列車の高速化や本数の増加に合わせて踏切を廃止。代わって地下道や跨線橋を設置し、事故を防ぐようになった。踏切を渡ることなく駅舎とホームを行き来できるので、開かずの踏切対策としても有

米子駅付近の様子。駅舎がある北側に対し南側は発展が遅れているのが分かる。出典：国土地理院撮影の空中写真を加工して作成：2009年撮影

効である。さらに、駅舎そのものを地下道または跨線橋に併設することで改札口を集約でき、駅員や券売機、改札機の数を減らせるなど、メリットも大きい。

そしてもう一つ、駅の立体化はまちづくりにも大きなメリットがある。線路の片側にしか駅舎がない場合、反対側は相対的に発展が遅れるケースがこれまで多かった。特に地方の拠点駅で、片側に留置線などがある場合に顕著だったのだが、立体化によって線路の両側にアプローチが可能になると、そちら側の発展が期待できるのだ。

現在工事が進められている米子駅もその一つ。同駅はこれまで駅舎や駅ビル、ロータリーが北側にのみあり、南側からは駅の東西にあ

る踏切や跨線橋を迂回する必要があったため、市街地開発が北側に偏っていた。そこで、南北一体化事業として駅舎の半橋上化や南北を結ぶ自由通路の建設が進められている。2023年の完成後は、南側の開発が一気に進むことだろう。

◯「あの電車、かっこいいですよね」

数年前、福井県を訪れた時の話である。

福井県といえば、1世帯当たりの自動車保有台数が全国トップという自動車王国だ。県庁や官庁街がある福井市中心部からは、JRだけでなく福井鉄道とえちぜん鉄道が3つの路線を伸ばしているものの、多くの人々にとってメインの交通手段は自動車。百貨店や商店街がある福井駅周辺は、買い物に訪れる人たちの車が終日行き交い、路上駐車も日常的に見られる。

筆者は、路面電車タイプの全面超低床車両「FUKURAM」を撮影するため、福井駅のすぐ近く、西武百貨店の前で待ち構えていた。この付近は鉄道が道路を走る併用軌道区間で、片側1車線道路の中央に単線の線路が敷かれている。さらに、車で買い物に訪れる

福井鉄道が2013年から導入している超低床車両「FUKURAM」

人たちを考慮してか、路側には車を駐車できるパーキングメーターが設置されているなど、車の多いところだ。

駐車中の車を避け、列車がきれいに収まるポイントを探す。ようやく撮影場所を決めた頃、タイミングよくFUKURAMがやってきた。都会の街並みにもよく映えるオレンジ色の車体をカメラに収め、次のポイントへ移動しようと動き始めた時に、買い物を終えて駐車中の車に戻ってきた主婦から「あの電車、かっこいいですよね」と声を掛けられた。

「かっこいいですよね。電車の床も低くて乗り降りしやすいですし。」

「そうなのよ！　ここを走る電車が全部あのタイプになってくれたら、買い物も電車で来るのに。」

「えっ、そうなんですか?」

「だって、車を運転するのって面倒だし、駐車場を探すのも面倒だし、もし事故を起こしたら……と思うと怖いし。それに、あんなかっこいい電車だと『乗ってみたい』と思うじゃない!」

車で買い物に来た人からこんな話を聞けるとは、正直なところ意外だった。と同時に、なんだかうれしくなった。これほど車が普及している福井の人たちでさえ、電車の便利さを実感しているのである。そして、電車を使いたいと思う理由の一つとして「かっこいいから」というのが、子どもや観光客だけでなく日常の買い物客にも成り立つことにも驚いた。少なくともこの街に住む人々のいくらかは、鉄道に対して「どうせ不便だし使い物にならない」ではなく「きっかけがあれば使いたい」という気持ちを向けているようだ。

福井鉄道では、他の地方鉄道と同様、モータリゼーションや沿線人口の減少によって利用客が減少の一途をたどっていた。だが、沿線自治体や県、国による財政支援をはじめとした様々な支援が功を奏し、2008（平成20）年頃からコロナ禍前までは利用者数が増え続けた。そして、それを後押ししたのが、2013（平成25）年から導入されているF

ＵＫＵＲＡＭだ。

福井鉄道は、バラストが敷かれた専用軌道と道路上を走る併用軌道が併存しており、車両には道路上の安全地帯から乗り降りできるよう、ステップが設置されている。他社からやってきた中古車両のほとんどは、最新式の車両と違って車両の床面が高く、お年寄りや大きな荷物を持った買い物客が乗り降りするには不便な構造だった。当然、車いすでの利用は実質的に不可能だ。

これに対してＦＵＫＵＲＡＭは、近年全国の路面電車で導入が進められている全面超低床型車両で、床面が安全地帯とほぼ同一レベルとなっていて乗り降りがしやすい。バリアフリーにも対応しており、手押し車を押した老人でも難なく利用できる。

そしてなにより、流線型のデザインはかっこいい。デビュー当時、車内から外を眺めていると、街のあちこちで鉄道ファンのみならず、サラリーマンや主婦、学生など多くの人がこちらにカメラを向けているのが分かった。福井市中心部には日本で現役最古となる裁判所の建物があり、目抜き通りの一角で堂々たる威容を誇っているほか、都会的な街並みや買い物客でにぎわう路地など様々な風景があるが、ＦＵＫＵＲＡＭはどの風景にもうまくなじんでいる。よくデザインされた鉄道車両は、街の雰囲気を変え、そこに住む人々の意識さえも変えられるのである。

都市名の「ＦＵＫＵＩ」と路面電車を表す「ＴＲＡＭ」をつなぎ合わせ、そこに「福井鉄道を中心に街が膨らみ、人々の生活や思い、夢が膨らむ」という意味を込めたＦＵＫＵＲＡＭは、同鉄道で50年ぶりの新製車両として２０１３年に第１編成がデビュー。その後も増備が行われ、現在は４編成が在籍している。さらに、２０２３年春からは新たな超低床車両「ＦＵＫＵＲＡＭ　Ｌｉｎｅｒ」が活躍をはじめる予定で、〝かっこよく、乗りやすい車両〟がさらに増える。冒頭で紹介した主婦のように、鉄道で買い物に来る人がますます増えることを期待したい。

○鉄道廃止が生んだえちぜん鉄道

福井にあるもう一つの私鉄、えちぜん鉄道にも、鉄道がまちづくりに関わった興味深い事例がある。

えちぜん鉄道は、福井市中心部からＶ字状に延びる２本の路線を持つ。営業を開始したのは２００３（平成15）年のことで、その前身は１９１４（大正３）年から路線を延ばしてきた京福電気鉄道（当時は京都電燈、以下「京福」）だ。京福は、一時は福井県内に4路線を抱え、県民の足として大きな役割を果たしていたが、モータリゼーションの波に負け、次第に規模を縮小。1968（昭和43）年には丸岡線の全線が廃止された。その後も部分廃止や列車本数の削減が続いたが、こうした経営合理化策が利便性の低下を招き、乗客が減少することでさらなる合理化に迫られる……という、典型的な〝負のスパイラル〟に陥ってしまう。1992（平成4）年には永平寺線の全線と勝山本線のおよそ半分をバス転換するという方針を表明。路線を存続させたいとする沿線自治体や県との間で、財政支援や利用促進策などの協議が続いていた。

そんなさなかの2000（平成12）年12月とその翌年6月、京福は半年間で2度の正面衝突事故を起こす。1度目の事故は車両のブレーキロッドが老朽化によって破損したことが原因であり、また2度目の事故は直接的には運転士が信号を確認せずに発車したという人為的ミスだが、その背後にはATS（自動列車停止装置）などのヒューマンエラーを防ぐシステムが設置されていないという不備があった。いずれも、慢性的な赤字で車両の整備や設備投資がおろそかになっていた結果である。これを受けて国土交通省は、京福に対して福井地区全線での運行停止を命令。運行再開にはATSの設置を含む設備改善が必須

運行停止した京福の代行バス　車社会への急激なシフトで渋滞に巻き込まれた

条件とされたものの、その資金のねん出が難しく、今後も乗客の増加が見込めないことから、京福は福井地区の路線を全廃する方針を決定する。沿線の自治体や住民も、廃線止む無しという意見が大勢を占めた。

こうして、地域住民の移動手段が鉄道から代行バスやマイカーへとシフトしていったが、ここで大きな問題が発生した。沿線の道路はマイカー通勤の車であふれ、大渋滞が日常的に発生。代行バスも巻き込まれ、定時運行はおろか、最もひどい日には早朝に福井市街へ向かって出発したバスが、昼前にようやく到着するというありさまだった。加えて、冬になると大雪で立ち往生する車によって渋滞がさらに悪化したほか、代行バスの利用者が激増し、積み残しが多発するという事態にまで陥った。もはや〝交通マヒ〟である。

そして当然ながら、こうした大渋滞は運行停止前からマイカーで通勤していた、つまり鉄道を使っていなかった人にも大きな影響を及ぼしたわけだが、これによって「自分は鉄道を使わないから、鉄道がなくなっても問題はない」という考えを持っていた人々が、「自分は鉄道を使わないけれど、鉄道がなくなると困る」という意見に転換していった。

こうした声の高まりを受け、沿線自治体や県は方針を一転し、3路線中2路線を鉄道で存続させることとした。2002（平成14）年9月に沿線自治体と民間企業が出資するえちぜん鉄道が設立され、京福から路線や駅、車両などを譲り受けて再整備。翌2003（平成15）年7月に一部区間で、同年10月には全線で運転を再開した。以来、同社は現在にいたるまで無事故を貫いている（踏切事故など同社側に責任がない事故を除く）。

鉄道の存廃問題が持ち上がった際、よく「鉄道がなくなったら、街はこう変わってしまう」という議論が行われるが、えちぜん鉄道のこの事例は、まさにその議論を実証する形となった。そして、鉄道がなくなり、街に予想外の変化が起こったことで、鉄道を使わない人にも「この街には鉄道が必要なのだ」という考えが浸透した。おそらく、この地域が鉄道を手放そうとすることは、もう二度とないだろう。

えちぜん鉄道は2016年に福井鉄道との直通運転を開始　超低床車両「ki-bo」も導入された

無事故で走るえちぜん鉄道の列車　運行停止命令は鉄道が地域にとっていかに大切であるかも浮き彫りにした

○地方都市のドーナツ化現象に公共交通機関で立ち向かう

ここまで、1世帯当たりの自動車保有台数が全国トップである福井県の話を紹介したが、全国第2位は石川県を挟んだ富山県である。だが、富山県も福井県と同様、決して鉄道網が脆弱なわけではない。北陸新幹線とその開業によってJRから経営分離された旧北陸本線（現：あいの風とやま鉄道）が日本海沿いの主要都市を結び、また富山市街地からは高山本線が、県下第二の都市である高岡市街地からは城端線と氷見線が、それぞれ南北に延びる。さらに、戦時中に県内の鉄道・バス事業者を統合して誕生した富山地方鉄道（以下「地鉄」）は、呉東平野を走る鉄道線に加えて富山市内で路面電車を運営。同社から経営分離した加越能鉄道の路線は現在、万葉線となって歴史を刻み続けている。

県庁所在地である富山市は、他の地方都市と同様、人々のライフスタイルや移動手段の変化に伴って郊外での開発が加速している。反対に、中心市街地は商店などの撤退が進み、いわゆる〝シャッター通り〟が増加。なかには中心市街地から郊外のショッピングセンターに移転する店も少なくない。店舗と共に人通りも減り、店舗跡にオープンした駐車場が目立つようになった。

こうした地方都市のドーナツ化現象と市街地の空洞化は、街や人々に様々な影響を及ぼす。郊外の大型ショッピングセンターは、そこへ行けば何でも揃う反面、車を持たない、あるいは車を運転できない人々にとっては利用しづらい存在である。さらに、行政としては都市機能の維持にかかるコストの増加が問題となる。生活や商業の場が郊外に広がり人口密度が低下することで、上下水道や道路、ごみ収集といったライフラインの維持費用は増大する。富山のような豪雪地帯では、除雪費用の増加も悩ましい。いずれも、郊外での整備・維持費が増える一方、住民や商店が少なくなったからといって、その地域のライフラインを止めるわけにはいかないからだ。

この状況が続けば、いずれ自治体の財政が破たんし、行政サービスが大幅に低下してしまう。多くの自治体がその回避策に知恵を絞るなか、富山市が目指したのは「お団子と串の都市構造」だ。ここで、串は一定水準以上のサービスレベルを備えた公共交通、お団子はその駅や拠点バス停を中心とした徒歩圏のエリアを表している。公共交通を整備するとともに商業施設や文化施設などの都市機能を沿線に集約し、住まいをお団子エリアに構えてもらうことで、公共交通を軸としたコンパクトなまちづくりを実現しようというものだ。

一般的なコンパクトシティ化は、中心市街地を核とした一極集中型が多いのに対し、富山

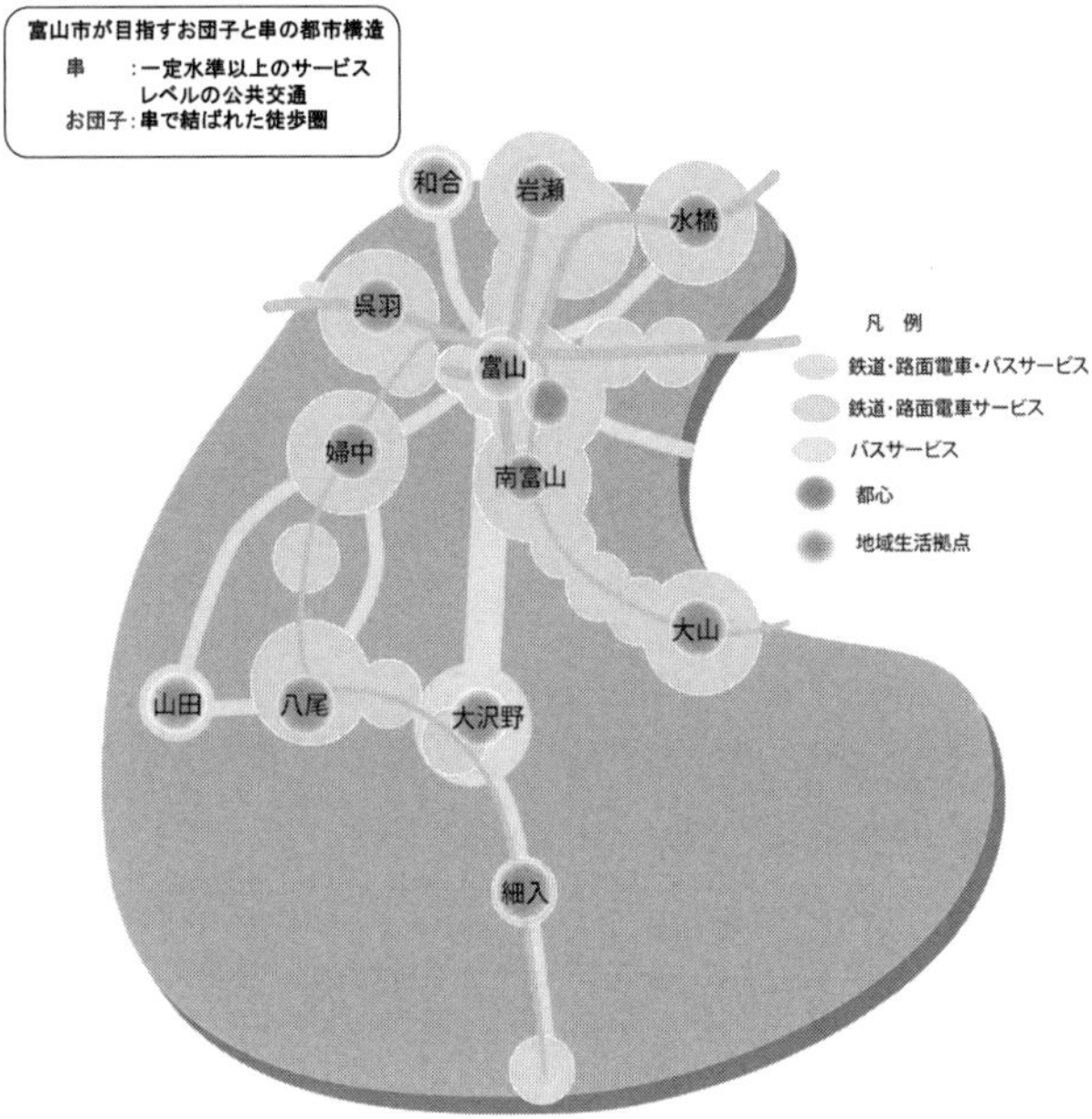

「お団子と串の都市構造」概念図。出典：富山市 都市マスタープラン

市のそれは公共交通を活用し、小さな〝お団子〟を配置することで、住民の移動を楽にしようという狙いがある。

この方針に則り、富山市は〝お団子〟として都心地区と公共交通沿線居住推進地区を定め、ここへの移住に対する助成金制度を制定。さらに、交通事業者と連携して高齢者の公共交通利用を促進する割引制度を実施するなど、外出しやすい環境を作っていった。そしてもう一つ、中心市街地の活性化を狙って行われたのが、地鉄の路面電車を環状線化し、都心部の回遊性を高めるというものだ。新設区間は同市が建設・保有し、地鉄が施設を借りて営業するという上下分離方式で、まちづくりに鉄道を活かそうとする同市の決意が表れている。

振り返れば、同市は第２章で触れた地鉄富山港線がＪＲ西日本から経営分離される際、バス転換ではなくＬＲＴ化を選択し、その道筋を切り拓いていった。この時すでに、地鉄の路面電車と線路をつなぐ構想も進められており、２００５（平成17）年から４期16年にわたって富山市長を務めた森雅志氏の強い信念の下、都市計画のグランドデザインにおいて鉄道が大きな役割を期待されていたといえる。

○富山地方鉄道のその後

地鉄の環状運転は２００９（平成21）年12月に開始。これに合わせて、地鉄初の超低床車両である９０００形「セントラム」もデビューした。同形は新設区間の線路や施設、あるいは富山ライトレールのＴＬＲ０６００形「ポートラム」と同様、富山市が所有し地鉄に貸与している。「セントラム」は「ポートラム」と同一仕様だが、デザインコンセプトは全く異なり、後者が編成ごとに異なる7色の帯を白地にあしらっているのに対し、前者は都会的な街並みに溶け込むよう、3編成がそれぞれ白、シルバー、黒のモノトーンとされた。車輪などがカバーで覆われて見えない車両が街中を走る光景は、まるで大きなオブジェが静かに移動しているようで、車両のデザインが街の雰囲気に大きな影響を与えることを改めて教えてくれる。

ところで、富山市では路面電車やバスを使った面白い取り組みを行っている。それは「とやま花Ｔｒａｍ・花Ｂｕｓキャンペーン」で、市内の指定生花店で５００円以上の花束を買うと、それを持って路面電車またはコミュニティバス「まいどはや」に乗る際に使える、無料乗車券がもらえるというものだ。なんともユニークなこの取り組みのポイントは、「花束

環状運転の開始に合わせて導入された「セントラム」は富山市の所有

「セントラム」の範となった富山ライトレールの「ポートラム」

を持って公共交通に乗る」という点。さらに、無料乗車券を使う際には、必ず花束を運転士に見せる必要がある。これも森市長のアイデアで、こうした取り組みを通じて街を彩り、賑わいや楽しさを呼び込むことで、富山に住む人々の幸福度を向上させたいという思いから生まれたものだ。

２０１２（平成24）年から始まったキャンペーンは今年度も実施されており、路面電車やバスの中、あるいは街角で人々の笑顔を生み出している。

○再び注目を集める路面電車

日本では、モータリゼーションの波に押されて多くの都市で路面電車が廃止された。日本に残る路面電車は、「路面電車」というものをどう定義するかにもよるのだが、広く解釈しても20ほどであり、そのほぼすべてが〝波〟を乗り切った路線である。ここ数十年間で路面電車の線路が新たに敷かれた例は、前述の地鉄環状線やターミナル駅への乗り入れに伴うわずかな延伸を除けば、ほぼ皆無。新たな事業者の誕生も、事業譲渡などに伴うものだけだ。

ルクセンブルクの首都ルクセンブルク市に2017年開業したLRT「ルクストラム(Luxtram)」　写真：堀切邦生

一方、世界を見てみると、路面電車はここ数十年間で増加の一途をたどっている。自動車社会の見直しが迫られるなか、地下鉄よりはるかに建設費が安く、普通鉄道よりも乗り降りがしやすく、バスと違って定時性に優れ、そして何より環境にやさしい路面電車が見直されるようになった。その中心は、ＬＲＴ（Ｌｉｇｈｔ　Ｒａｉｌ　Ｔｒａｎｓｉｔ）と称される超低床車両を使った高速高頻度輸送システムであり、欧米やアジアの各都市で導入が進められて街の景色を一変させた。都市における路面電車の役割を指して、「路面電車は街のエレベーター」と表現することがあるが、エレベーターで各階を移動するように、自動車が入ってこない歩行者空間で路面電車を使いながらお店を回り、あるいは路面電車の車内からウインドウショッピングを楽しむ。街を構成する装置の一つとして、路面電車がごく自然に存在する……そんな空間が、世界では当たり前になっている。

世界的な流れから大きく後れを取っている日本だが、近年は富山や広島、豊橋のように、JRのターミナルから少し離れていた路面電車の乗り場が延伸によって直結するなど、少しずつ復権の兆しが見えてきた。現在も、いくつかの都市で駅前への乗り入れや路線改良が計画されている。

そして今、最も注目を集めているのが、宇都宮市で建設が進められている「宇都宮ライトレール」だ。東京都心から約100キロメートルの場所にある宇都宮市は、北関東有数の大都市として古くから栄えてきた。また、高度経済成長期以降は産業拠点としての開発も進み、東隣の芳賀町にかけて全国でも珍しい内陸部の大規模工業団地が形成されていった。現在はホンダやキヤノンをはじめとする世界的な大企業が工場を構え、3万人を超える人々が工業団地に通勤する。一方、宇都宮市中心部と工業団地がある東部地域は鬼怒川によって分断されており、両岸をつなぐ橋が少ないこと、また鉄道が通っていないことから、朝夕を中心に激しい渋滞が発生していた。

宇都宮ライトレールの工事の様子（2022年8月）現在は試運転が始まっている

そこで、１９８０年代後半に新交通システムやモノレールを念頭に置いた公共交通の整備計画が持ち上がる。２００３（平成15）年には新交通システムの導入に向けた基本計画策定調査の報告がまとめられ、このなかで「景観やシンボル性などのまちづくり上の効果に加え、高齢者や身障者あるいは子ども等の交通弱者に対するバリアフリーなモビリティの確保、在来鉄道との相互乗り入れの可能性」などからＬＲＴが最適であるとされた。この頃すでに、都市景観やデザインという観点で鉄道とまちづくりの関係性が研究されていたということは興味深い。

その後、ＬＲＴ導入の是非は政争の具となり、様々な動きに翻弄されたものの、基本的には建設に向けた流れが続いた。市民への広報活動も活発に行われ、次第にＬＲＴの必要性が認識されていった結果、２０１２（平成24）年の市長選でＬＲＴ推進派の候補者が大差で勝利。翌年には市役所内へのＬＲＴ整備推進室の設置、「東西基幹公共交通の実現に向けた基本方針」の発表など、導入に向けた本格的な動きが始まった。

○街の景色に彩りを添え、人々の生活を変える日

それからまもなく10年。国内では戦後初となる、新規事業者による完全新設の路面電車が、ついに産声を上げようとしている。路線長は14・6キロメートルで、このうち約４分の３が道路上を走行する併用軌道である。一部を除いて工事は完了し、線路や架線、停留場が姿を現した。道路用信号機も、路面電車の進行を示すタイプに取り替えられている。

宇都宮ライトレールで使用される車両は、３車体連接の全面低床車両・ＨＵ３００形で、「ライトライン」の愛称が付けられた。ちなみに「ライト」はＬＲＴの「Ｌｉｇｈｔ」に加え、宇都宮が雷の多い土地であり、古来より「雷都」と呼ばれていることにも由来する。そのデザインは先に述べたとおり、都市景観にマッチすることが重視され、稲光や雷を受

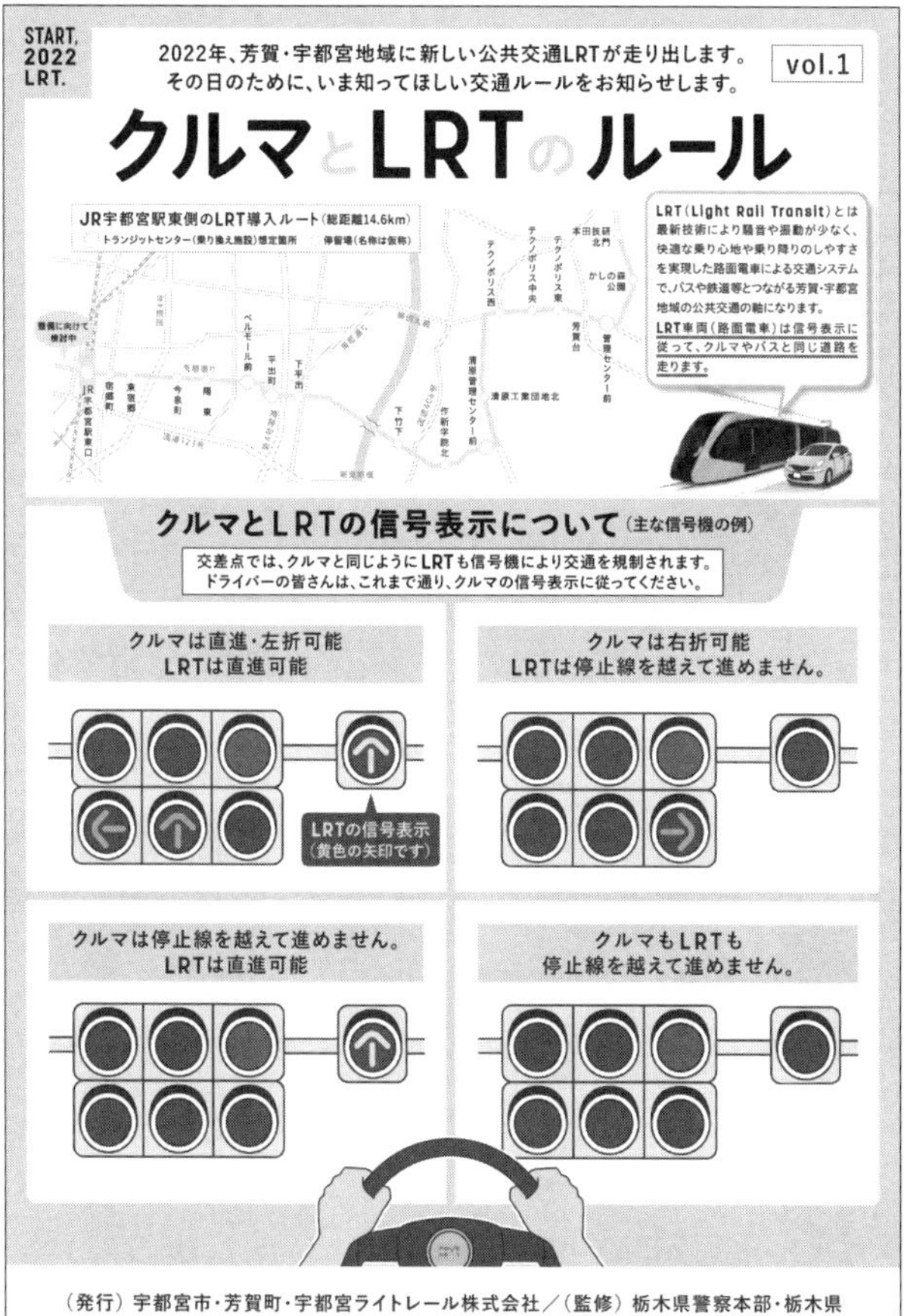

LRTの開業で信号表示が変わることを知らせる宇都宮市のパンフレット
出典：芳賀・宇都宮LRT公式ホームページ

宇都宮ライトレールHU300形の車両　「雷光の力」をL字型の黄色で表現した

HU300形の車内　大きな窓が都市空間と車内の一体化を感じさせる

け豊穣に実った稲をイメージさせる黄色と、シンボルカラーを引き立てる黒を使った３案を作成。市民などへのアンケート投票の結果、黄色いＬ字状の先頭部が雷光の力を表現したものに決定された。

本書が発売される頃には、２０２３年８月の開業に向けて一部区間で試運転が始められており、市民が選んだデザインの車両が新たな街のシンボルとして宇都宮を駆け抜けているはずである。さらに、ＪＲ線を越えて西側への延伸も決定。ＪＲ宇都宮駅から１・５キロメートルほど離れた東武宇都宮駅とのアクセスが飛躍的に向上するほか、東武の駅周辺に広がる繁華街の回遊性も増すに違いない。

自動車と違って排気ガスを出さない路面電車は、歩行者との相性も良い。ＬＲＴが走る海外の都市では、線路際にオープンカフェが並び、デート中のカップルや買い物帰りの子ども連れがお茶を楽しむ姿をよく目にするが、これが道路なら「ちょっとそこでお茶でも……」といった雰囲気にはならないだろう。稲妻のようなデザインの電車が街の景色に彩りを添え、人々の生活を変える日は、すぐそこだ。

あとがき

本書を執筆した2022（令和4）年も、日本ではいくつかの鉄道車両がデビューした。なかでも代表格は、西九州新幹線「かもめ」用のN700S8000番代だろう。その形式名が表すとおり、東海道・山陽新幹線用として開発されたN700Sのマイナーチェンジ版で、車体構造や走行機器類はほぼ同一だ。一方で、JR九州のコーポレートカラーである赤色を下部に配し、「かもめ」のロゴマークや各種表記を施した車体は、同社の車両だということを強烈にアピールしていて、知らない人が見れば全く別の形式だと感じるに違いない。車内も、座席や床の配色はもちろん、2＋2列の配置とされた指定席は肘掛けなどに木質系の材料が使われているが、これは同社のデザイナーである水戸岡氏が得意とするところだ。筆者はデビュー当日に「かもめ」に乗車したが、やはり東海道新幹線で乗り慣れているN700Sとは全く異なる印象を受けた。

そしてこの日は、第2章で紹介した武雄温泉駅での同一ホーム乗り換えが始まった日でもある。博多からの在来線特急「リレーかもめ」でやってきた乗客が次々と降り、反対側に停車する「かもめ」へと吸い込まれてゆく。初日ということで全列車ともほぼ満席であり、どの車両に乗り換えればよいのか戸惑う人もわずかに見受けられたが、駅員の誘導によっておおむねスムーズに流れていた。

在来線と新幹線のホームを同じ高さに設置し、乗り換えの利便性を図るという手法は、新潟駅や新函館北斗駅でも取り入れられているが、この2駅は中間改札を通る必要があるため、目の前に停まっている列車にすぐ乗り込むことができない。武雄温泉駅の事例は、九州新幹線の部分開業時に新八代駅で同一の仕組みを取り入れたJR九州ならではの考えで、利用者ができるだけスムーズに乗り換えられるよう、駅の構造や人の流れをうまくデザインした成果である。

一方で、長崎駅では〝デザインの限界〟も目の当たりにした。長崎本線連続立体交差事業の一環として2020（令和2）年に高架駅となった同駅は、旧駅の約150メートル西へ移転した関係で、路面電車である長崎電気軌道の停留場と離れてしまった。一時は路面電車のルートを変更し、新駅に近づけるという計画も検討されたものの、費用面に加えて「国道を走る自動車の流れを阻害し、渋滞を悪化させる懸念がある」という意見から見送られた。これまでJR駅と停留場をつないでいたペデストリアンデッキの延伸についても、今のところ整備は進んでおらず、不便なままだ。市内をくまなく走り、中華街をはじめとする観光スポットへの足としても活躍する路面電車は、市民はもちろん観光客にとっても欠かせない存在だが、キャリーバッグを転がしながら路面電車乗り場に向かう人の波を見るにつけ、やはり日本はまだまだ車重視の社会であることを痛感した。

第5章で紹介したとおり、富山では鉄道を生かしたまちづくりが進められており、宇都宮でも間もなく路面電車が走り出す。さらに、広島では広島駅南口の再開発と連動し、路面電車のルートを変更して同駅の2階コンコースに乗り入れることになっている。JRの改札口と同じフロアで路面電車に乗り降りできるようになり、利便性が大幅に向上すると共に、中心市街地との人の行き来もよりスムーズになるだろう。なにより、橋上のコンコースに路面電車が停まっている光景は、見ていてワクワクするに違いない。

そして、地方でも鉄道とまちづくりの関係性が今問われている。人口減少による利用者減に加え、コロナ禍による経営悪化などによって、各地でローカル線の存廃が議論されるようになった。こうした議論の多くは、これまで「鉄道は地域に必要だから残せ、だが金は出さない」というものだったが、近年はそこから一歩踏み込んだ例も見られる。それは

「鉄道を残すためにはどうすればよいか」や「地域には本当は何が必要なのか」というものだ。

鉄道はあった方がよい。それは自明である。だが、鉄道を残すには金が必要となる。そして、鉄道会社にその余力はない。では、どうすればよいか。この題材だけでも1冊の本ができてしまうが、その方向性の一つがえちぜん鉄道の事例であり、また上下分離方式による富山市の路面電車整備だ。これらはいずれも、「鉄道は必要だから残せ」というところから一歩踏み込み、「なぜ必要なのか」「どうしたら残せるのか」そして「残した鉄道をまちづくりにどう活用するか」という点を考えた結果である。京都府は北部地方の観光振興プラン「海の京都」のなかで北近畿タンゴ鉄道の活用を盛り込み、上下分離方式を導入すると共に計画的な整備を行ってきたが、これも地域と鉄道の関係性を真剣に議論し、導き出された結論だ。そして今、この施策は多くの人々を北部地方に呼び寄せ、地域おこしにつながっている。

ところで、こうした議論のなかでは時に「鉄道は必要ない」という結論に至ることもある。ただし、「お金がもったいない」などという後ろ向きなものではなく、「鉄道を残すよりもよい方策を見つけた」というものだ。

例えば、鉄道を廃止しバスに転換することで、便数や乗り降りできる場所を増やせる、より市街地中心部や主要施設の近くまで乗り入れができる、といったメリットが生まれる。鉄道存続の議論において、バス転換はまるで敗北宣言のように受け止められがちだが、バスの方が鉄道に比べて自由度が高いこともまた自明であり、綿密に検討されたバス路線は鉄道よりはるかに利便性が高く、地域の活性化に寄与する。

近年、利用状況が特に厳しいローカル線や、災害によって不通となり復旧に莫大な費用がかかる路線で、鉄道の代替手段として例に上がるＢＲＴ（バス高速輸送システム）についてもそうだ。ＢＲＴとは本来、Bus Rapid Transitの略であり、連節バスなど従来のバスよりも輸送力を増した車両と、バス専用道やバスレーン、ＰＴＰＳ（公共車両を優先して通過させる信号システム）などを組み合わせて定時運行や速達性を確保したシステムを指す。ＬＲＴと同様、海外では新たな公共交通システムとして注目を集めており、ＬＲＴと比べても建設費やメンテナンス費用が安いことから、多くの都市で導入されている。対して、日本のＢＲＴのほとんどは、どうやらBus Replaced Train（鉄道代替バス）の略であるようだ。例えば、日本のＢＲＴは一般道との交差点で優先権がないため、時にはＢＲＴ側が止まって安全確認をしなければいけない。これでは鉄道より所要時間がかかって当然であり、海外の専門家が見たら物笑いの種になるだろう。ＢＲＴが持つポテンシャルが全く活かされておらず、単に鉄道とバスの中間に位置する乗りものとして「バス転換では地元の理解が得られないから、ＢＲＴを導入しよう」というような安易な考えがしばしば見え隠れする。

もちろん、日本には日本なりの事情があるわけで、これらが一概に悪いとはいえない。付け加えるならば、こうした事情の多くは行政や産業界、あるいは我々一般市民が、車重視の社会を作り上げた結果ともいえる。だが、都市をデザインするに当たって最も大切である「人が苦労なく移動でき、安心して暮らせるまちづくり」が、軽視されているように思えてならない。

あとがきでも少々固い話をしてしまい、恐縮である。序章でも述べたが、「デザイン」という言葉には様々な意味があり、鉄道の世界では車両や駅舎の外観だけではなくあらゆるシーンで、課題解決のためにデザイン的な工夫が凝らされている。本文では紹介できなかったが、自動券売機や自動改札機の形ひとつとっても、子どもや車いす利用者でも手が届くよう券売機のパネルが斜めになったり、左利きの人でもきっぷを挿入しやすいよう投入口の角度が工夫されたりと、様々な進化を遂げた。鉄道はデザインによって人々の感動や思い出を生み出すだけでなく、普段の何気ない行動にも貢献し、また生活に深くかかわっている……ということを、本書を通じて気づいていただけたなら幸いである。

最後になりましたが、本書を執筆するに当たって、というよりも普段から鉄道車両や案内サインなどのデザインについて様々な知識をご教授いただいているJR西日本（現在は関西工機整備に所属）の大森正樹氏に、この場をお借りして改めて御礼を申し上げます。また、執筆に際して資料や情報をご提供いただいた皆様に感謝するとともに、こうしたテーマで執筆の機会をいただいた交通新聞社の皆様、特に毎度ながら遅筆のため多大なるご迷惑をおかけした編集担当の星野洋一郎氏に、心よりお詫びと御礼を申し上げます。

令和4年11月　伊原　薫

主な参考文献

「鉄道ジャーナル」（鉄道ジャーナル社）各号
「鉄道ピクトリアル」（電気車研究会・鉄道図書刊行会）各号
「富山市　都市マスタープラン」（富山市）
「宇都宮共和大学　シティライフ学研究」（宇都宮共和大学）第22号
「ＪＲ ＥＡＳＴ Ｔｅｃｈｎｉｃａｌ Ｒｅｖｉｅｗ」（ＪＲ東日本）Ｎｏ．04
「公共交通機関の車両等に関する移動等円滑化整備ガイドライン」（国土交通省）

伊原 薫（いはら かおる）
1977年大阪府生まれ。京都大学大学院の都市交通政策技術者。2013年より鉄道ライター・カメラマンとして本格的に活動を開始。雑誌や書籍、Webニュースなどで執筆するほか、テレビ出演や講演など幅広く活躍する。著書に『関西人はなぜ阪急を別格だと思うのか』『そうだったのか! Osaka Metro』（交通新聞社）など。

交通新聞社新書168
街まで変える鉄道のデザイン
カタチで叶える課題解決
（定価はカバーに表示してあります）

2022年12月15日　第1刷発行

著　者——伊原 薫
発行人——伊藤嘉道
発行所——株式会社交通新聞社
https://www.kotsu.co.jp/
〒101-0062　東京都千代田区神田駿河台2-3-11
電話　(03) 6831-6560（編集）
(03) 6831-6622（販売）

カバーデザイン—アルビレオ
印刷・製本—大日本印刷株式会社

ISBN978-4-330-05322-6